岐阜の自然・文化・芸術 2

おとなのための岐阜学講座 編著

はじめに

ここ数年、他の地方国立大学法人と同様、岐阜大学でも「岐阜学」が始められ、地元の自然、文化、産業などを学んで、広く全国に発信しようとしています。学生が受講する授業科目にも「岐阜学」という区分があり、地域志向科目と呼ばれている授業は必修になっています。

岐阜大学では、「ぎふ清流の国、地×知の拠点創成：地域にとけこむ大学」構想が、２０１３年に文部科学省の「地（知）の拠点整備事業」（ＣＯＣ事業）に採択され、地域協学センターが発足しました。以来、地域協学センターは地域の自治体と連携しながら、地域を志向した教育・研究・社会貢献を進め、少しずつ「岐阜学」が充実して来ています。

その成果のひとつとして、地域協学センターでは、２０１５年に「リブロ岐阜学」シリーズを創刊し、ＶＯＬ.1として「岐阜の自然・文化・芸術」を、ＶＯＬ.2として「岐阜の社会・文化・教育」を刊行しました。

今回は、２０１７年の７月から11月にかけて、岐阜県図書館主催による「おとなのための岐阜学講座」で、５回にわたって行われた講演をもとにＶＯＬ.3として「岐阜の自然・文化・芸術２」を編むことになりました。

内容は、岐阜出身の江戸時代の仏師、飛騨を舞台にした文学作品、岐阜の方言、岐阜に生息する魚類、岐阜県産の食材というように多岐にわたっています。本書が岐阜県民のみならず、多くの読者のみなさんに、岐阜のさまざまな側面とその魅力を再発見するきっかけとなることを願ってやみません。

岐阜の自然・文化・芸術２

目次

第1回　円空のアート力！——江戸のアヴァンギャルド

野村　幸弘

はじめに

私の専門は美術史なので、今回は岐阜県の美術についてお話しするつもりですが、岐阜県出身でいちばん有名な芸術家というと、やっぱり円空（一六三二〜九五年）でしょうか。

岐阜に住んでいる方であれば、一度は円空の名前を聞いたことがあると思います。日本全国には円空の愛好家や熱狂的なファンがたくさんいて、有名ではありますが、ただ、日本美術史の中で円空はどのように位置付けられているのか、という評価の問題となると、答えるのは難しいのではないでしょうか。世界にはギリシャ彫刻や、ルネサンス彫刻など、さまざまな傑作がある中で、円空の彫刻作品には、一体どのような芸術的価値があるのか、という問題です。

円空の研究書はこれまで多数、出版されていますし、円空学会もあります。私の専門はイタリア美術史ですから、専門外の人間が円空の話をするのは、はなはだ僭越なのですが、ただ、逆に外から見たほうが、円空の客観的な特徴や良さが見えるのではないか、とも思います。専門外の人間から見たら、円空の作品はどんなふうに見えるのかということを、今日はお話ししたいのです。

レクチャーのタイトルを「円空のアート力！」、サブタイトルを「江戸のアヴァンギャルド」にしました。「アート力」というのは変な日本語ですが、円空を現代に置き換えると、一人のアーティストと捉えることができるのではないか、という意味です。そして、円空が制作した作品は、実は非常にアヴァンギャルド（前衛的）な芸術だったのではないか、ということです。なぜそんな結論になるのかを、この後、円空の作品をお見せしながら、具体的にお話しします。

円空彫刻の背景と特徴

江戸時代の仏教は、基本的には檀家制度ですが、そのほかに、制度外の仏教、つまり仏教、神道、修験道が融合した民間信仰がありました。そして制度としての仏教のために仏像を制作していた職業仏師のほかに、制度外の仏教のために仏像をつくる、円空や木喰のような遊行僧がいました。彼らは職業仏師になるためのディシプリンを受けずに、独学で仏像をつくっていました。

円空は仏教の僧侶なので、当然、如来、菩薩、仁王といった伝統的な仏像をつくっていますが、そのほかに、神像や役行者《えんのぎょうじゃ》（修験道の創始者）像、そして興味深いことに、柿本人麻呂像を数体つくっています。円空の同時代人に、三重出身の松尾芭蕉がいますが、二人とも東北を旅しているところが共通していて、円空もまた数多くの歌を詠んでいます。円空による芭蕉の肖像彫刻はありませんが、彼らに何らかの接点があったかどうか、気になるところです。

円空が旅をしたり、修行をしたり、仏像を彫ったりしているのは、奈良時代の泰澄《たいちょう》や行基《ぎょうき》といった先人たちに私淑《ししゅく》していたからだと思われます。泰澄は、白山を開いた白山信仰の開祖です。円空は白山に登っているだろうし、全国に多数、残っている行基仏のこともよく知っていたでしょう。円空は彼らに倣《なら》って第二の泰澄、第二の行基になるべく、全国を旅し、仏像を彫ったと思うのです。

円空の研究史

円空に関する研究は１９５０年代後半から始まりますので、その歴史はまだごく浅いと言えますが、それでもこの五、六十年の間に研究はずいぶん進み、１９６０年の土屋常義に始まり、１９６１年の丸山尚一、１９７３年の谷口順三、１９７４年のマッカラム、本間正義、１９７９年の棚橋一晃、２００６年の梅原猛、２０１４年の小島悌次、そして２０１６～１７年に、私も円空に関する論文を書いています。

円空の彫刻の様式は、谷口、本間、梅原、棚橋、小島によると、３つの時期に分けられます。丸山とマッカラムは４つに分けています。これら先行研究を踏まえた上で、私は円空の様式を「芸術形成期」「芸術探求期」「芸術深化期」の３つに分けました。そして円空は全国各地を旅し、訪れた先々で彫刻の作風が変化しているという仮説をもとに、もう少し細かく「芸術形成期」を「岐阜・美並時代」と「東北・北海道時代」に分け、「芸術探求期」を「尾張・志摩時代」とし、「芸術深化期」を「北関東時代」と「飛騨・関時代」というように、5つに分けました。

今回は、円空の彫刻作品の特徴を分かりやすくお話しするために、第1期から第5期までを大きく2つに分けることにしました。つまり第1期と第2期を「伝統の時期」、第3期から第5期までを「前衛の時期」と考えるのです。

サブタイトルを「江戸のアヴァンギャルド」としましたが、「アヴァンギャルド」はフランス語で、日本語に訳すと「前衛」です。第1期、第2期の円空は、日本の仏像彫刻の伝統に則っていたのですが、第3期以降になると、伝統から大きく逸脱し、非常に前衛的な作風で作品をつくっています。この伝統と前衛の両方を併せ持っているところが円空の特徴だと私は考えています。

最初に、円空の彫刻がいかに伝統に根差しているか、伝統をいかに参照してつくられているか、そして次に、円空の作品のどこがどんなふうに前衛的なのかを、具体的に作品を比較しながら見ていきます。

伝統とのつながり

円空の現存する最初期作のひとつに、岐阜県郡上市美並町に残る《阿賀田大権現像》(**図1**)があります。円空が30歳を少し過ぎた頃の作品です。彫刻家のスタートとしてはちょっと遅いですね。職業仏師になるためには、10代で専門の工房に

図1　円空《阿賀田大権現像》
岐阜県郡上市　神明神社

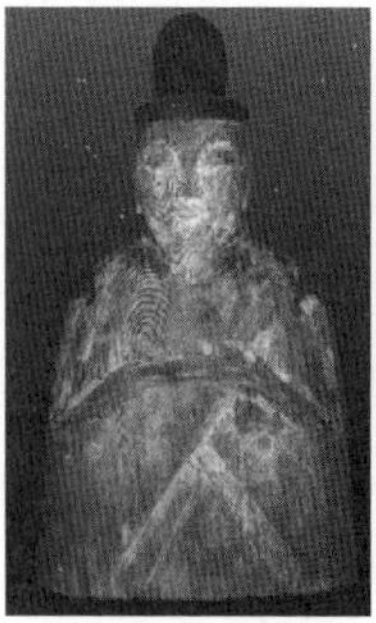

図2　作者不詳《神像》
岐阜県　高賀神社

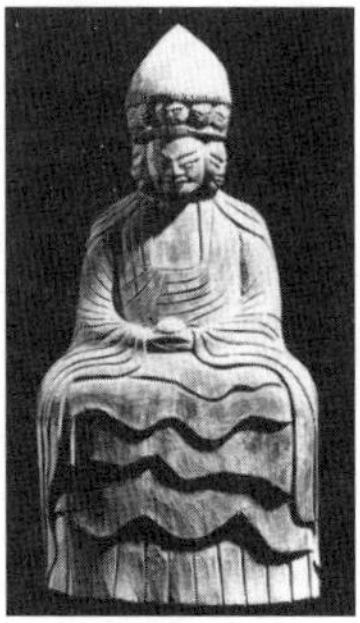

図3　円空《八面荒神像》
岐阜県郡上市

入り、技術を身につけますが、円空は30年間まったくそういう経験をしなかったでしょう。

円空の最初期作は、仏像ではなくて神像です。彫刻といってもシルエットが非常にシンプルで、複雑な技法は使っていません。木を切り出して、衣服の襞《ひだ》を線刻しているだけです。円空が最初に彫刻を手掛けた時、手本にしたのは、おそらく地元に残る平安時代の《神像》（**図2**）のような木彫だったと考えられます。

この《神像》も、腕のところを少し彫るにとどめ、特別な木彫技術は使っていません。こうした神像は、言わば素人の彫り師がつくったもので、芸術的な価値はそれほど高いものではないでしょう。円空が最初に手本にしたのは、円空と同じく職業的な訓練を経ず、専門的な技術を身につけていない素人がつくった神像です。円空は、これだったら自分にも作れると思ったのではないでしょうか。

とはいえ、円空が衣服に刻んだ線刻表現は、平安時代の神像には見られません。衣服をこのように曲線で刻む、レリーフ的で絵画的な襞の表現には、円空の芸術意欲のようなものが感じられます。円空のアーティスト的な部分と言ってもいいでしょう。単に神像をつくるというのではない、何かアーティスティックな表現をしたいという欲求が、しっかりここに出始めているという気がするのです。

次の《八面荒神像》（**図3**）も、そのシルエットは先ほどの《阿賀田大権現像》と同じで、非常に単純です。けれども、比較すると、ずいぶん衣服の彫りが深くなっていることに気づきます。円空は見よう見まねで独学で木彫をしているわけです

図4　鞍作止利《釈迦三尊像》奈良市　法隆寺金堂

図5　円空《釈迦如来像》北海道江差町　観音堂

図6　作者不詳《阿弥陀如来像》奈良市　法隆寺

が、作品をつくるたびに表現上の工夫をして、少しずつですが、変化しているのです。前の作品ではこう彫ったが、次は別様に彫ろうと考えているので、作風に変化が認められるのです。

《八面荒神像》の襞は、郡上市の《阿賀田大権現像》よりもずいぶん「進化」していますが、襞の彫りが一体なぜこのように深くなったのかというと、おそらくそれは、飛鳥時代に奈良の法隆寺で鞍作止利《くらつくりのとり》がつくった《釈迦三尊像》（図4）を見たからだと思われます。というのも、《釈迦三尊像》の台座に垂れた裳懸《もかけ》の深い襞の影が非常に印象的だからです。その魅力的な彫り方が、円空の《八面荒神像》の深い彫りに影響を与えたことは十分考えられるでしょう。円空の様式が変わったのは、そこに彼自身の芸術体験があったにちがいありません。鞍作止利による飛鳥仏を見たことによって、円空の表現が変化した。そういう説明が一番しっくりくるように思われるのです。

円空はさまざまな仏教寺院を訪れ、仏像を見て刺激を受けたり、インスピレーションを得ていたのでしょう。そうした日本の過去の伝統的な仏像に対する円空の見方は、非常に芸術的だと私は思います。

円空の《釈迦如来像》（図5）も、シルエットは先ほどの《阿賀田大権現像》と同じく非常にシンプルです。ここでも衣服の襞は、彫りが浅く絵画的に線刻されています。円空はおそらく法隆寺に残る奈良時代の《阿弥陀如来像》（図6）のようなタイプの仏像に基づいてつくったのでしょう。

図7　円空《十一面観音像》
愛知県名古屋市　瑞泉寺

図8　作者不詳《聖観音像》
岩手県　天台寺

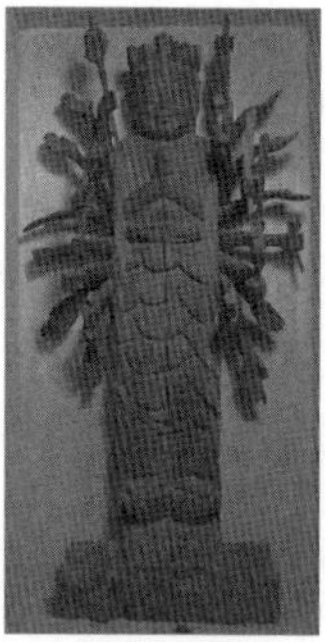

図9　円空《千手観音像》
栃木県鹿沼市　広済寺

もっとも、法隆寺の《阿弥陀如来像》では、10本の指をばらして彫刻する高度な技術が使われているので、確実に職業仏師がつくっていることが分かります。衣の襞も非常に深く、的確に彫られています。円空にはそうした技術がないので、手は親指と人さし指しかつくっていません。10本の指を細かく正確に彫ることができないのです。だから、体にぴたっとくっつけて、レリーフ的につくっています。円空は職業仏師のようにはつくれない。けれども、自分の技術でできる限りのことをやろうとしています。

円空は、中期以降、《十一面観音像》（**図7**）のように、木をざっくりと削り取り、面で表現する斬新な彫刻をつくり始めますが、実は日本の仏像の伝統には、鑿《のみ》跡をはっきりと残した鉈彫りという技法があります（**図8**）。平安時代の地方仏師はそれほど洗練された技術は持っていなかったせいなのか、表面をヤスリで滑らかに仕上げていない仏像が残されています。未完成のようにも見えますが、一般的には、これで完成していると考えられています。おそらく円空はそうした鉈彫りの仏像を知っていたのではないかと思われます。

両者を比べると、平安時代の《聖観音像》は端正な顔立ちで、円空の方は顔も鼻も大きいので、表現にずいぶん違いはありますが、それ以外は、ともにあえて鑿跡を見せるように、それ以上、仕上げを施さないやり方をとっています。

円空は栃木の鹿沼に《千手観音像》（**図9**）を残しています。これだけ見ると、いかにも円空仏という印象ですが、職業仏師がつくった《千手観音像》（**図10**）と

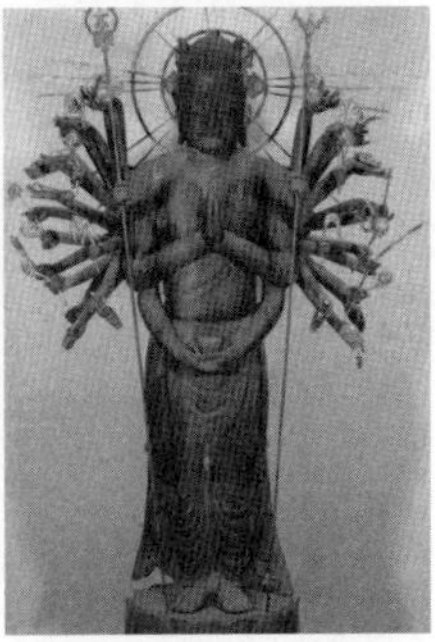

図10　作者不詳　《千手観音像》
京丹後市　縁城寺

図11　円空　《自刻像》美並ふるさと館

図12　作者不詳　《慈覚大師像》
山形県　立石寺

比べてみると、たしかに、仕上げ方は明らかにプロの仏師のつくった方が非常に完成度が高く、円空の場合はそこまでの精度はないのですが、それでも、円空が職業仏師による仏像を自分なりにできる限り模倣して、何とかそこに近づこうとしていることがよく分かります。

このように、円空の作品は、過去の飛鳥仏や天平彫刻など、さまざまな時代の仏像と比べてみると、そこから大きく逸脱しているわけではありません。このことは、円空が過去の仏師をきちんとリスペクトしていた、伝統から謙虚に学ぼうとしていたということを意味するでしょう。円空の作品は、意外に思われるかもしれませんが、実は日本の仏教彫刻史の延長上にあったのです。

円空が自分の顔を彫ったと思われる彫像、すなわち《自刻像》（図11）があります。顔の皺《しわ》が、こう言ってよければ、木の年輪で代用されています。円空が木の年輪を見たときに、それが人間の顔の皺に見えたので、そのようにつくったと言ってもいいかもしれません。

この円空の《自刻像》によく似た彫刻が、山形県の山寺（立石寺）にあります。それは、《慈覚大師像》（図12）です。

慈覚大師は最澄の弟子の円仁で、現在では顔しか残っていませんが、これもまた顔の皺が木の年輪で表されています。《慈覚大師像》をつくった仏師の名前は、残念ながら、知られていません。平安時代の仏師が木の年輪を見て、それを円仁の歩んできた人生の年輪と重ね合わせ、それが顔の皺に刻まれていると見なして、

図13　円空《尼僧像》岐阜市薬師寺

その2つをぴたっと合わせているのです。
円空が山寺に残る《慈覚大師像》を実際、見たのかどうかはわかりません。円空は若い頃、東北を旅していて、秋田と青森には作品を残していますが、岩手にはありません。山形には1体あるのですが、それはその地でつくられたものではないと言われています。あともう1体は宮城県にあります。確証はないのですが、山形を通って宮城に出て美濃に戻ってきた可能性はゼロではないので、円空は山寺で《慈覚大師像》を見たかもしれません。もっとも、たとえ見ていなくても、円空は木の年輪を顔の皺に見立てることを考えついたのではないでしょうか。今、あらためて両作品を比べてみると、平安時代の《慈覚大師像》と江戸時代の円空がつくった《自刻像》が非常に似ていることが分かります。その意味でも、円空の彫刻は伝統に根差していると言えるでしょう。
円空は《尼僧像》（**図13**）をつくっていますが、こうした彫像はほとんど前例がないと思います。この点でも円空は非常にユニークです。円空の女性関係がどういうものだったのかを考えるときに、尼僧像を複数つくっていることが、重要だろうと思います。
この彫刻が一体誰をあらわしているのかは別にして、私がここで比較したいのは、運慶です。運慶の中でも最高傑作と言われる《無著像》（**図14**）で、13世紀の鎌倉時代につくられています。無著は4世紀のインドの僧侶ですが、運慶はそれを日本人の顔として表していますます。限りなく慈愛に満ちた表情をしていますが、

図14　運慶《無著像》奈良市興福寺

円空の《尼僧像》を横に並べてみると、どうでしょうか。当然、運慶のほうが非常にリアルに表現されています。それに対して円空のほうは、例によって粗彫りです。顔を面的に捉えて、細かく彫っていません。運慶の彫刻が肖像彫刻のように写実的だとすると、円空のほうはどちらかというと抽象的に表現されている。そういう違いはありますが、この2つの表情に深い内面性がにじみ出ているような印象を強く受けます。写実的であるかどうかという問題ではないと思うのです。

江戸時代に、運慶が鎌倉時代につくっていたようなリアルな顔を彫っても、それは何ら信仰心を表明するような表現にならない。どうしたらそれができるのかといったときに、円空が出した答えが《尼僧像》のような表現だったのでしょう。江戸時代において、信仰や精神性を表するときに、鎌倉時代のような写実性、リアルさというのは、もはや表現できない時代に入っていたのです。そのときに、円空が彼独自のやり方で信仰や精神性を表現し得ていると思うのです。これら両作品には、技法上の違いはきわめて大きいのですが、表現している中身は非常に近いような気がします。

よく見ると、《無著像》の顔の左目のところにひびが入っているのが分かります。円空の《尼僧像》にも、ちょうど同じところにひびが入っていて、偶然とはいえ、私はこの2体の彫刻に何か非常に大きな共通性を感じるのです。《無著像》は、本物をご覧になった方には同意していただけると思いますが、非常に感動的な彫刻です。けれども円空の《尼僧像》もそれに劣らずすばらしい作品だと私は思います。

図15　円空　《大黒天像》三重県阿児町
個人蔵

鎌倉仏教が持っていた精神性を後の江戸時代にどうやって表したらいいのかということに関して、円空は一つの答えを出しているのだと思います。

前衛としての円空

日本の仏教彫刻は、飛鳥時代に始まり、奈良、平安を経て、鎌倉時代で最後のピークを迎えた後、室町、安土桃山、江戸にかけて停滞し、新しい表現を生み出さなかったわけですが、唯一、円空が江戸時代のはじめに日本の彫刻史をさらに前へ推し進めることになります。

つまり、円空は伝統を受け継いだだけではなく、それを破壊する、非常に前衛的な表現を行った彫刻家でもあったのです。それがどれくらい前衛的だったのかについて、これから見ていきます。

円空の《大黒天像》（図15）の顔は、よく見ないと、どこにあるのか分かりません。顔といっても、眉毛と目と鼻と口を彫刻刀で刻んでいるだけですから、これ自体が彫刻かどうか分からないくらいです。通常、米俵の上に乗って打ち出の小槌と頭陀袋を持ち、満面の笑みをたたえ、おなかを出しているというのが伝統的な大黒天のイメージです。円空はそうした伝統的な大黒天像をまったく無視しています。大黒天と言われなければ、そうとは分かりません。まるっきり伝統と断絶しているのです。

円空は、ある時点から鑿を打つ数を極端に減らすようになり、彫るのは眉目鼻

図 16　円空《馬頭観音像》
愛知県名古屋市　竜泉寺

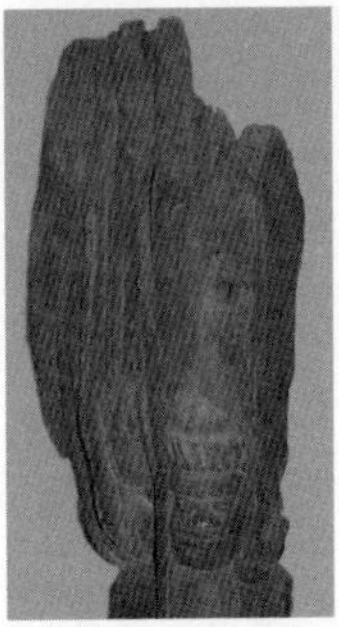

図 17　円空《不動明王像》
日光市　清瀧寺

口に限られます。《大黒天像》には木目が見えますが、これはもちろん彼が彫刻刀で彫ったわけではなくて、木を割ったときに偶然できた割れ目、裂け目です。ですから、円空はこれを多分わずかな時間でつくったのではないでしょうか。ほとんど時間をかけないで、手間をかけないでつくっている。そういう作品がある時点からふえ始めます。

普通の馬頭観音像は、憤怒の形相で、腕が体から四方八方出ていて、シルエットが非常に複雑です。ところが、円空の《馬頭観音像》（図16）は、シルエットはきわめてシンプルで、手も複雑に彫っていません。顔は多少憤怒の形相をしていて、牙もありますが、共通しているのはその程度で、ほかはほとんど何の共通性もありません。

比較をしてみると、職業仏師と素人の円空がつくったものとの差は明らかなので、やはり円空はあまり評価できない、円空を日本の彫刻史の中にきちんと位置づけられるかどうかは疑問だと考える専門家がいてもおかしくはないでしょう。実際、円空の彫刻作品は、日本の仏像の歴史の延長上で捉えられてはこなかったのです。

不動明王像は、後背に炎がついていますが、円空の作品（図17）では、炎の形をわざわざつくるのではなくて、木を割ったり、裂いたときにできた木目の不定形で非常に複雑な形、これは自分で別に彫っているわけではなくて、偶然にできた形、それを炎に見立てています。この割れ目が炎に見えたので、ああ、これは不動明王になるな、と直感してつくったのでしょう。職業仏師であれば、仏典、儀軌《ぎき》に基づいて、正確な技術によってすべてコントロールしてつくり上げるわけですが、円空の場合はその逆で、ある木を見たときに、それが不動明王になると確信するわけです。ですから、思考回路が逆なのです。まるっきり制作の順序、制作の発想を逆にして作品を生み出しているのです。

名古屋、覚王山の日泰寺《にったいじ》のすぐ裏に鉈薬師堂《なたやくしどう》というところがあり、そこは毎月1回、21日に円空の作品が公開されています。当時の記録から、1669年につくられたということが分かっています。円空が37歳ぐらいのときで、ちょうど彼が東北・北海道の旅から戻ってきて間もない頃につくったものです。東北・北海道に行く前、そして旅行中の作品は保守的、伝統的ですが、旅行から帰ってきた後、この鉈薬師堂で一気に彼の作風が変わるのです。

《因達羅大将像《いんだらたいしょう》》(**図18**)は十二神将の中の1体ですが、これは鉈で木材をぱんと割って出来た木目が、作品の8割方を占めています。顔と左の肩と手の指を少し彫り、あとは木目を衣服の襞に見立てた、きわめて斬新な作品です。その表現には本当に驚かされます。こうした彫刻がずらりと並べられている堂内は、まさに壮観です。鉈薬師堂は円空の衝撃的な彫刻のある場所として、全国的にもっと認知されてもいいでしょう。

図18　円空《因達羅大将像》
愛知県名古屋市　鉈薬師堂

十二神将は、言うまでもなく、伝統的には、例えば奈良県の新薬師寺で見られるような彫像(**図19**)ですが、この十二神将の姿が一体どうしたら円空のような

図19《因達羅大将像》
奈良市　新薬師寺

図20　円空《釈迦如来像》
宮城県　瑞巌寺

表現になるのでしょうか、ちょっと想像がつきません。

おそらく、名古屋城を築造するときに出た余材を譲り受け、それをぱんぱんと割っていったときに、円空はこの表現の可能性に気づいたのではないでしょうか。円空の中では、ある時点から、彫刻というのは、木を思いどおりにコントロールして自分のつくりたいイメージを形にするのではなく、実はもう素材そのものに神聖なるもの、霊性のようなものがあって、それを自分がいかに見るのか、素材の中にどう見るのか、ということから彫刻は生まれるいう発想に転換していったのだと思います。

それはいつの時点だったのかというと、東北・北海道旅行の帰りに一番最後に立ち寄ったところは宮城県だと思いますが、そこに残っている《釈迦如来像》（図20）を見ると、木の根っこの形を利用して、それをそのまま台座表現にしているのです。

ですから、このあたりから、円空はもう自分の小賢《こざか》しい技術で、もちろん彼に技術がなかったということもあるかもしれませんが、素材となる木を全然別のものにつくりかえるのではなくて、木そのものがすでに仏像だという認識を持ち始めていたのではないでしょうか。

鉈薬師堂では、譲り受けた巨大な木材を割る中から、十二神将が彼にとってはこのような形であらわれた、ということです。この時点で、彼の頭の中には、奈良時代から続く十二神将のイメージはまったくなかったと考えていいでしょう。

図21　円空《波夷羅大将像》
名古屋市　鉈薬師堂

円空が自らを伝統から切り離し、前衛的な彫刻家に変身していった最初の作例、それがこの鉈薬師堂の十二神将なのです。

《波夷羅大将像《はいらたいしょう》》（図21）も十二神将のうちの1体です。これはもう、何を表しているのかわからないですよね。ここで逆さを向いているのは、辰《たつ》なんです。十二神将は伝統的に十二支に結び付けられているので、ここに龍（辰）があしらわれているのはいいのですが、それにしても円空の場合は、その干支《えと》のほうが大きく表されており、その表現にはまったく先行例がないのです。完全に伝統を無視してつくっています。そうした彫像が、鉈薬師堂には12体も並べられているのです。

私が円空を前衛と呼ぶのは、このように伝統的な仏像との比較に基づいています。前衛とは何かについては、また後で詳しくお話ししますが、要するに伝統から離れて全く新しいものを生み出そうとするヨーロッパ美術の流れを前衛と呼んでいます。

ヨーロッパの前衛は、20世紀の初頭に始まります。第一次世界大戦によってヨーロッパ中が戦場と化し、伝統的な価値観が全部崩れました。これまで人間の知性、理性によって営々と政治や社会や芸術がつくられてきたわけですが、その結末が未曾有《みぞう》の悲惨な世界大戦でした。それで、彼らは自分たちが肯定してきた伝統的な価値観を信じられなくなり、自分たちがこれからやることを伝統から切り離して、まったく違うことを始めたわけです。誰が始めたのかというと、一人はピカソです。もう一人はマルセル・デュシャンというフランスの画家です。デュシャ

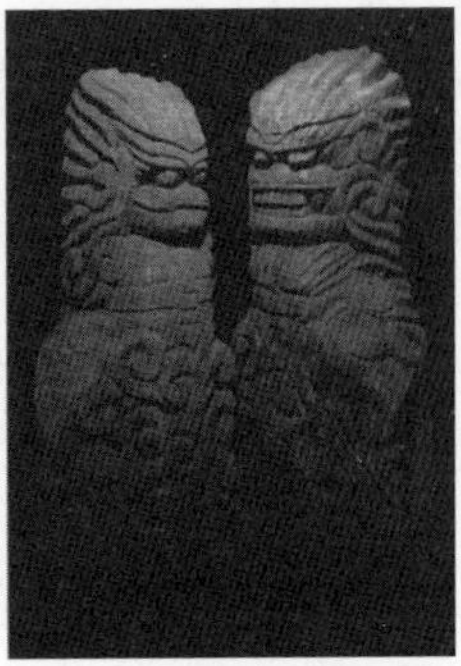

図22　円空《狛犬》岐阜県　高賀神社

図23　円空《狛犬》岐阜県　千光寺

ンは過去の作品をまったく参照しない作品をつくり始めます。そういう人たちのことをアヴァンギャルドと呼んでいて、それと同じ意味で、円空はアヴァンギャルドだと私は捉えています。

高賀《こうが》神社にある円空の《狛犬《こまいぬ》》（図22）は、普通の狛犬と並べてみると全然、違います。狛犬にもいろいろな表現がありますが、どんな職人が狛犬をつくっても、大体同じようなイメージになります。どの神社にも狛犬がおいてあり、どれも非常に巧みにつくられています。つくった石工は無名の職人ですが、石彫技術は非常に高いですね。残念ながら、日本の美術は明治以降、ヨーロッパ伝来の近現代美術と、伝統的な職人の世界に分かれてしまいましたが、どちらの技術が上かといえば、圧倒的に後者です。ただ、石工のつくる狛犬は、すごい技術力なのに、誰も褒《ほ》めませんよね。我々日本人はこうした伝統的な技術を明治以降、ずっと軽視し続け、その傾向はいまでも変わらないように思います。ただ、そうした技術を身につけていない円空がつくると、まるで違う狛犬ができるのです。

円空がすごいのは、そういう伝統的な狛犬ではないものをつくった後も、狛犬の表現を変容させている点です。千光寺の《狛犬》（図23）では、高賀神社の《狛犬》をさらに大胆かつダイナミックに造形し、いちだんと抽象化を進めています。

ヨーロッパの前衛と比較する

ここで円空がなぜ前衛なのかということをお話しするために、ヨーロッパにお

図24　円空《護法神像》愛知県　音楽寺

図25　ドーミエ《扁平な男》

いて前衛的な作品をつくった彫刻家と円空の作品を比較していくことにします。

愛知県江南市の音楽寺《おんがくじ》にある円空の《護法神像《ごほうしんぞう》》（図24）の顔は、非常にデフォルメされています。顔の形をはじめ、眉毛と額の皺など、実際の人間の顔とはほど遠い顔立ちをしています。これを例えば19世紀フランスのドーミエの《偏平《へんぺい》な男》（図25）と比べてみましょう。

両作品に共通するのは、表情を強烈にデフォルメしている点です。

ドーミエは風刺画家として有名で、人間を風刺するために顔を戯画化します。つまり漫画風にするわけです。そうすると、当然、表情をデフォルメしたり、誇張したりすることになります。それを彼はこの場合、絵ではなくて、彫刻にしているんですね。これを見ると、鼻がやたらに長くて大きいですよね。人間の顔というよりも、何か鳥とか動物の顔みたいにして、明らかに人間が持っている滑稽さや醜さを誇張して表現しています。ですから、写実的な表現というよりも漫画的な表現にしてある。それを最初に彫刻でつくったのは、おそらくドーミエです。

彫刻というのは、基本的にはモデルの姿を忠実に、できるだけ写実的に表現するというのが主要な役割のはずで、本人と似ても似つかないような彫刻をつくっても誰も喜ばないのですが、それをドーミエが人を風刺する意味で、こんな表情をつくっている。

けれども、そうした表現は、すでに円空がやっているのです。

もちろんドーミエは絵がすごく上手いので、リアルな絵も描けるし、だからこ

図27　メダルド・ロッソ《読書する人》

図26　円空《薬師如来》
郡上市美並町　林広院

そデフォルメして、戯画、カリカチュアも描けるわけです。当然、彫刻にしても上手につくれるのですが、わざとこんなふうに誇張してつくっているのです。そういう意味で、ドーミエの表現は、西洋美術史の中でも非常にユニークだし、ある種の前衛的な表現をこの時代にしていた人だと言っていいでしょう。

19世紀は、いわゆる新古典主義の時代と言われ、古代ギリシャやルネサンス期の理想的で写実的な彫刻が復権していた時代なんですね。その時代にドーミエが全然古典的でないものをつくっていた。つまり伝統を否定するような、伝統と切り離された表現をしていたのがドーミエなんですね。けれども、繰り返しますが、それは円空がもう２００年ほど前にやっていたのです。

次に、円空の《薬師如来像》（**図26**）とメダルド・ロッソの《読書をする人》（**図27**）を比べてみましょう。メダルド・ロッソはイタリア人で、同時代で有名な彫刻家は、フランスのロダンです。ロダンの陰に隠れて、メダルド・ロッソのことはあまり知られていませんが、この人は非常に前衛的な彫刻家です。《読書をする人》を見ると、確かに本を読んでいるように見えますが、タイトルを知らなければ、何が表されているのかきっと分からないでしょう。

この作品の素材は蜜蝋《みつろう》で、これから人物像をつくり上げて行こうとする生成過程を表しています。まだ完全な形にはなっていないけれども、その形になろうとしているプロセスが作品になっています。彫刻とは生成するものであって、削って形を整えるものではない。どんどん成長していく生命体であることを表現して

図 28　円空《木端仏》名古屋市
荒子観音寺

いるのがこの作品なのです。

これは非常に斬新な考え方でした。生命の根源は、削ってできるものではなく、最初に萌芽的な原型があって、そこからでき上がっていくという、メダルド・ロッソの彫刻理論は非常に画期的で、前衛的です。そういう発想で彫刻をつくっていた人は、当時、だれもいなかったでしょう。

それでは、円空はどうでしょうか。円空の《薬師如来像》は、基本的には顔しか彫っていません。たぶんこうした形の木の根っこを見つけたのでしょう。先端部分を顔にして、胴体部分は全く彫っていません。円空のこの作品は、メダルド・ロッソとほとんど同じような彫刻思想を示しています。木というのは根に始まり、毎年成長して年輪をつくり、木自体が形を生成させて、ある形になっていきます。自然というのは、そういうふうに形を生成させていくわけです。円空は木の根っこを見て、木が自らの力で形をつくり、それが薬師如来の身体になっていると感じたのです。木そのものが持っている生命力、生命体としての木こそが彫刻だと円空は言いたいのです。メダルド・ロッソは蜜蝋を人工的にこね上げていますが、円空はそんなことをしなくても、自然がすでにそうなっているのだと言っているのです。メダルド・ロッソの考えていることを、円空はそれより２００年以上前に気づいて作品にしていたのです。

名古屋市の荒子観音寺にある《木端仏《こっぱぶつ》》（図28）は１０００体ぐらいあります。荒子観音寺は、月に1回、一般公開していますから、まだ行かれていない人はぜ

図29　ピカソ《細長い小像》

ひ行ってください。そこには見応えのある円空仏がたくさんあり、その見どころのひとつが木端仏です。

木端は、削られた後、捨てられてしまいますが、円空はその木端一つ一つに生命が宿っていることに気づいていたにちがいありません。だから、木端に顔だけ彫って、それを仏像にしているのです。

この木端仏は、ピカソがつくった彫像（**図29**）と比べると、非常に似ています。もちろんピカソには、木端仏のような発想はありません。ただ、こうして両作品を比べてみて、共通性があるとしたら、それはピカソもまた、本来なら捨ててしまうような素材を用いている点です。

もちろんピカソは円空のことを知らなかったでしょう。けれども、ピカソの発想の中には円空的なものがあると思います。普通なら無用だと捨ててしまうものを、実はそういうものにこそ価値があることに最初に気づいたヨーロッパの芸術家のひとりは、ピカソです。ピカソが少しだけ顔を彫り、首を細く削ったことで、この木はガラクタではなくて、もう誰も壊すことも捨てることもできない芸術作品になったのです。そこには素材に対する大きな発想の転換がありました。

ピカソというと、キャンバスになぐり描きをしたような、わけの分からない絵を描く芸術家と思っている人はたくさんいますし、学校の先生も教育現場で子供たちにピカソの絵はわけが分からないなどと平気で口にしますが、それは甚だしい誤解です。もしわけが分からないのであれば、学校で教えないでほしいものです。

もし教えるのなら、ピカソの何がすごいのかをきちんと語るべきでしょう。

ピカソの作品に、自転車のサドルとハンドルを組み合わせたものがあります。壊れた自転車のパーツを使って、サドルを牛の顔に、ハンドルを角に見立てています。この作品は今なら、リサイクル・アート、エコ・アートとでも呼べるでしょうか。彼はいろいろなガラクタを拾ってきては、それをキャンバスに張りつけるパピエ・コレという技法を編み出し、ガラクタじゃないんだ、素材の組み合わせ次第でそれが芸術作品になるんだ、という発想の大転換をやった人なんですね。そういう発想がピカソの作品のいたるところに充溢しているのです。けれども、それはもう円空がすでにやっていて、ピカソが最初ではないのです。

あえてこの2人の違いを言うと、円空はこういうものしか彫れなかったけど、ピカソは、もともとデッサンは上手いし、リアルな彫刻もつくれたという点です。ピカソはわざと下手につくっているのです。要するに「ヘタウマ」です。上手い人がわざと下手でつくっている。上手い人が下手につくると、ピカソみたいな作品になるわけです。円空が一生懸命やってもこうしかできなかったものと、上手い人がわざと下手にしたものは、似ていますが、やっぱり違うんですね。上手い人が下手につくると、どこか「厭らしさ」が残ります。その「厭らしさ」がないのは、上手い人にはマネ出来ない、「下手な人」のすごいところなのです。

一般的には、巧い人、上手な人、できる人が高く評価されます。それは当然なのですが、現代アートや円空作品の良さは、下手な方がいいという、価値をまっ

図30　円空《歓喜天》
名古屋市　荒子観音寺

図31　ブランクーシ《接吻》

たく逆転させたところにあるのです。

実際、ピカソはそういう観点からアフリカの、いわゆるプリミティヴな人たちの作る仮面や彫刻、あるいは子供の絵などを評価したわけです。子供の絵などすごいわけはないのです。みんな下手くそだと思っていたのです。ところが、ピカソは、これは自分には描けない、この下手さがいいのだということを言い出すわけです。

そうした見方、考え方に影響を受けたのが岡本太郎で、うまく描こうとしてはダメだと主張しました。芸術家が子供の絵がすごいと言ったので、親がみんな自分の子供の絵を見て、うちの子供は天才だとか言っていますが、そんなわけはありません。下手なものがいいと言って、それを自分の芸術にしたピカソやクレーが天才なのです。

同じ荒子観音寺に、円空の《歓喜天像《かんぎてんぞう》》（図30）があります。これは秘仏なので、小さな厨子《ずし》の中に入れてあり、残念ながら見られません。この《歓喜天像》に似た彫刻にブランクーシの《接吻》（図31）という有名な作品があります。ブランクーシはヨーロッパの非常に前衛的な彫刻家ですが、こういうプリミティヴな表現は、もうすでに円空がやっているのです。その事実を早く世界の人に知ってほしいものです。

歓喜天は、通常、抱擁する象の姿で表されますが、それを円空は非常に抽象化しています。すごい抽象能力です。しかも、円空はその後、岐阜の高賀神社で歓

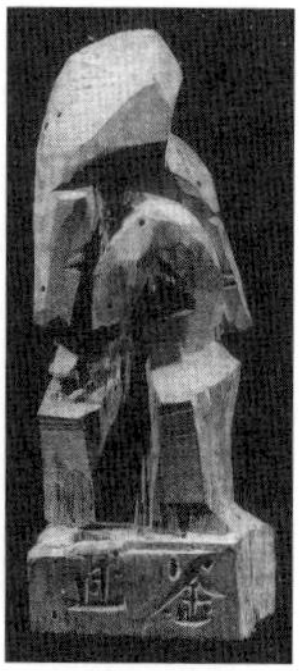

図32　円空《歓喜天》
岐阜県　高賀神社

図33　円空《十一面観音像》
岐阜県　高賀神社

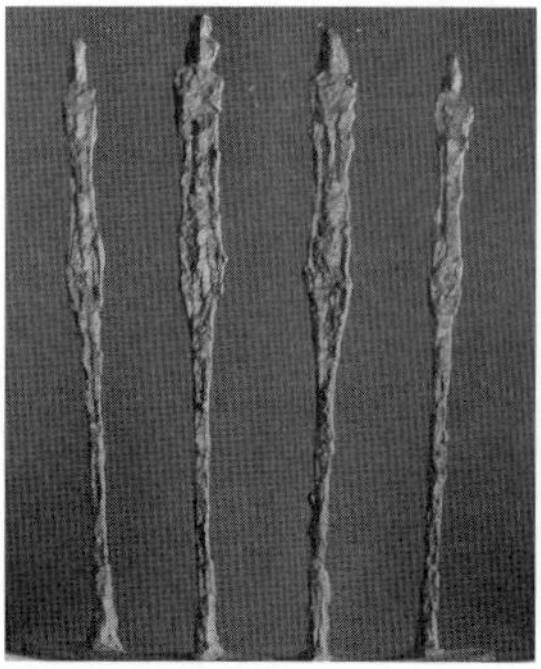

図34　ジャコメッティ
《台の上の四人の女》

喜天をさらに抽象化して行きます（図32）。これは世界最初の抽象彫刻と言ってもいいのではないでしょうか。抽象彫刻はブランクーシから始まるとされていますが、日本では17世紀の江戸時代からあると言いたいですね。

円空晩年の《十一面観音像》（図33）は、非常に細長く、実にユニークな形をしています。ヨーロッパにジャコメッティという彫刻家がいます。彫刻はボリュームを出すことが重要でしたが、彼の作品（図34）では、そのボリュームを極限まで最小にするとどうなるのかということを追求しています。そういう意味では非常に前衛的な彫刻家ですが、その発想はもうすでに円空にあるのです。

それから、伊勢志摩にある円空の《観音像》（図35）ですが、これに似ているのが、現代作家のポール・ナッシュが拾ってきた流木を組み合わせてつくった《見出されたオブジェ》（図36）です。ポール・ナッシュが二本の木を組み合わせているのに対して、円空は一本の木の中に観音を見ているので、両者の意図は若干、異なりますが、発想は同じでしょう。

ヨーロッパの彫刻家は、こうした発想法に、20世紀になって初めて気づくのです。作品はつくるというより、「見出されたオブジェ」というタイトル通り、自分で発見するという時代に入ってくるのです。それが始まるのは、ヨーロッパでは20世紀です。日本では、17世紀の円空がすでにやっていました。

飛騨の千光寺に残る円空の《立木仁王像《たちきにおうぞう》》（図37）は、背面から見ると、自然木の幹や枝の持つ強烈な生成エネルギーがそのまま彫刻表現になっています。こん

図 35　円空《観音像》三重県　少林寺

図 36　ポール・ナッシュ《見出されたオブジェ》

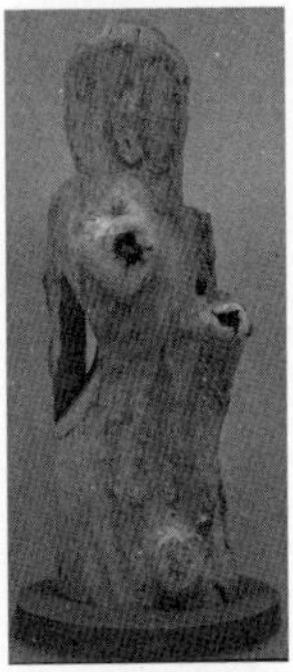

図 37　円空　《立木仁王像》岐阜県　千光寺

な彫刻作品を、これまで世界の一体誰がつくり得たでしょうか。とにかく前例がないのです。円空はつくづく恐るべき彫刻家です。

円空の千面菩薩、千体仏では、顔に最小限の目鼻口しか彫っていません。最近亡くなったアバカノビッチは、無名の群像表現を行うポーランドの彫刻家です。アバカノビッチの人物像には顔がありませんが、これは一人一人の人間から個性が奪われたことを表現しているのでしょう。アウシュヴィッツの強制収容所で大量虐殺されたユダヤ人、現代の犠牲者を表現しているのかもしれません。

円空が何千体もの菩薩をつくるのは、無名の庶民の一人一人がすべて菩薩であるということを表現するためでしょう。大衆、民衆の無名性、匿名性に対する共感的なまなざしを持っていたのが江戸時代の円空で、20世紀ではアバカノビッチという彫刻家なのです。

アントニー・ゴームリーという、1950年生まれのイギリスの現代作家がいます。彼が来日して行ったワークショップでは、二十万体の粘土像を大勢の生徒たちとつくった作品を展示しました。これは、円空の《千体菩薩像》をヒントにしているように思われます。

そういうわけで、現代の美術家たちのさまざまな前衛的な試みは、実はほぼすべて円空がすでにやっていた、というのが私の正直な感想です。

ここでヨーロッパの彫刻の歴史と日本の彫刻の歴史をならべて見てみましょう。ヨーロッパの彫刻史をたどると、古代ギリシャから中世のキリスト教彫刻、ルネ

図 39　ロダン《バルザック像》

図 38　円空　《不動明王像》
岐阜県羽島市　観音堂

サンスのドナテッロ、ミケランジェロ、バロックのベルニーニ、近代ではロダンを生み出しています。日本では、飛鳥時代の鞍作止利に始まり、奈良時代の将軍万福、国中連公麻呂、平安時代の定朝、鎌倉時代の運慶、湛慶、そして江戸時代に円空を生み出しています。このように、ヨーロッパと日本には綿々と偉大な彫刻家による伝統的な歴史があります。

ヨーロッパの彫刻がだんだん写実的でリアルになり、ポーズに動きが出てきて、最終的にロダンが写実的な初期作から晩年の表現的なバルザック像まで様式を変化させています。19世紀も後半になると彫刻は大きく変わるのです。日本の場合も、飛鳥時代から奈良、平安、鎌倉と来て、江戸時代の円空で急激に変わるのです。

ヨーロッパと日本の彫刻の歴史は、ある意味パラレルで、同じように歩んできたのです。けれども、ヨーロッパの彫刻の歩みのほうが若干緩やかで、20世紀になるまで前衛は生まれませんでした。

ところが、日本の場合は、17世紀という早い時期に、円空という岐阜出身の彫刻家が、日本に先駆けて、というよりも世界に先駆けて、彫刻の大胆な抽象化を行った。そのことが世界の彫刻の歴史全体を見ると分かるのです。

円空の《不動明王像》（**図38**）とロダンの《バルザック像》（**図39**）をくらべると、不思議なことに、どことなく似ています。もう写実表現をしなくなった時代、ここから抽象彫刻が始まっていくわけですけれども、そういう意味で、２００年ぐらいロダンよりも早く、円空が彫刻の新しい地平を切り開いた最初の人になったわけです。
最後にもう一度、円空とピカソの作品を比較してみましょう（図28・図29）。日本の芸術というのは、彫刻に限らず、絵画もそうですけれども、気がついたらいつの間にか世界のトップランナーになっていたということを、私たちはいま一度再認識するべきでしょう。

図版出典
円空学会編『円空研究1～7』人間の科学社、二〇〇四～〇五年
久野健・鈴木嘉吉『原色日本の美術2 法隆寺』小学館　一九六六年
倉田文作『原色日本の美術5 密教寺院と貞観彫刻』小学館　一九六七年
『野生の芸術　円空展』カタログ　朝日新聞社　一九八〇年
『20世紀イタリア具象彫刻展』カタログ　岐阜県美術館　一九八八年
H・リード『近代彫刻史』言叢社　一九九五年
M・マッター『ジャコメッティ』リブロポート　一九八八年
佐々木英也『世界彫刻美術全集12ロダン』小学館　一九七六年

第2回　飛山濃水の文学――江夏美好『下々の女』

林　正子

1970年頃の江夏美好
（実姉、中村志ゲ子撮影）

はじめに

岐阜県が山に恵まれた飛騨と水（川）の豊かな美濃から成るため、「飛山濃水」の地と表現されることをご存知の方は、大勢いらっしゃることでしょう。今回の講座では、「飛山濃水」の岐阜県を舞台とする名作のなかから、とくに白川郷ゆかりの女性作家・江夏美好（本名＝中野美与志　一九二三～一九八二）の長編小説『下々《げげ》の女』をご紹介します。時代と地域――歴史と風土という要因によって創造されている文学の魅力を、ご一緒に味わってゆきましょう。

岐阜県吉城郡神岡町、現在の飛騨市神岡町出身の江夏美好が、大野郡白川村平瀬の合掌部落に生まれた母の生涯をバック・ボーンに、飛騨の女の一生を描いた長編小説『下々の女』（河出書房新社）を上梓したのは、昭和四六（一九七一）年二月のことでした。一、六九五枚、単行本四八〇頁にのぼる作者畢生《ひっせい》の大作は、同年四月、第十一回田村俊子賞を受賞しています。

「下々の女」という題名は、エピグラフによれば、大化の改新（六四六年）で国制

江夏美好『下々の女』
（河出書房新社 1971年刊）

が「大」「上」「中」「下」の四等に定められた際、飛騨のくにが「山また山の辺鄙ゆえ」「下々の国」と呼ばれたことに由来しています。実際に、この作品は、明治・大正・昭和の激動の時代、「下々の国」に生きた女（作者の母）の一生を縦糸に、また作者・江夏美好の両親の出自である白川郷の大家族制と鉱山労務の日常生活を横糸に織り上げられており、その織地に、飛騨出身の江夏美好の蘊蓄を傾けた「下々の国」の歴史的背景の記述、民俗学的・生活史的叙述が編み込まれています。

白川郷の合掌造りがユネスコの世界文化遺産に登録されたのは、平成七（一九九五）年一二月のことでした。『下々の女』発表後の「創作ノート」によれば、遡ること四半世紀前には白川村の合掌家屋数が激減し、白川郷の原風景が失われてゆくことを憂いていた江夏美好は、「自分の臍の緒につながるふるさとの大地を舞台にしての文学作品」を完成させることに、作家としての自己の「責任」を果たすという意義を見出します。

その際、飛騨は、彼女にとって「少女時代と戦時疎開の一時期を過ごしただけのふるさと」であったがために、「飛騨の四季おりおりの美しさや、飛騨びとの人情のぬくもりのなかに、どっぷりつかっていたのとはちがう。つねに懐しいのだけれど、おぼれることはなかった。いつも一定の距離を保ちつづけてきた」と認識したことを打ち明けています。「山国の人々の素朴で律儀な反面、閉鎖的であり、排他的気風に反撥」し、「批判的」であった自己の心情をバネにすることによって、江夏は、むしろ「心静かに小説の舞台づくりができる」と考えたというのです。

白川郷

したがって、吉城・大野・益田の三郡に分かれた飛騨のうち、「地型、気候、風物とともに南国的であり、飛騨というより美濃の国の影響が強い」益田郡を除いた「奥飛騨」の二郡を書きたいという江夏の真意は、苛酷な地理的・気候的条件下にある「下々の国の奥飛騨」――「下の国飛騨」のなかの「飛騨」を書いてこそ、自らの「ふるさと」への拘泥《こうでい》と愛着を表現することができるという確信であったとも言えるでしょう。

もともと、父親が坑夫として勤めた神岡鉱山に、七人兄弟（四男三女）の三女として生まれた江夏は、幼時から病弱で、長兄の理解と援助で進学した高山高等女学校（岐阜県立飛騨高山高等学校の前身）も脊椎《せきつい》カリエスのため中退しなければならず、郷里で辛苦の時期を過ごした彼女にとって、「ふるさと」を作家として描くことは、文字通り、自身の存在の根源を文学として問う営為を意味していました。

『下々の女』以前の江夏は、昭和三四（一九五九）年に同人雑誌「東海文学」を創刊、主宰し、長州南奇隊の集団脱走をめぐる顛末《てんまつ》を描いた『脱走記』（光風社　一九六三年七月）や水戸天狗党の悲劇を女の視点で綴《つづ》った直木賞候補作品『流離の記』（冬樹社　一九六六年二月）など、明治維新を舞台にした歴史小説を続けて発表しています。

『下々の女』刊行以降は、苛酷な運命に翻弄される女を描いた珠玉の短編小説集『阿古女のうた』（風媒社　一九七三年七月）や『もがり笛』（風媒社　一九七五年一二月）を上梓《じょうし》し、高山への愛情や若き日の思い出を歴史的なエピソードとともに綴った随筆集『わたしの飛騨高山』（風媒社　一九八〇年一二月）なども著わしています。

名古屋で創作活動を展開した後半生、「ふるさと」の文学化にこだわり続けた江夏は、奥飛騨で活躍した宗教家・教育家――無然・篠原禄次（一八八九～一九二四）の生涯を題材とする『雪の碑《いしぶみ》』（河出書房新社　一九八〇年一二月）を執筆中に口腔ガンに冒され、激痛に見舞われ入退院を繰り返す生活のなかから、闘病記『針千本』（河出書房新社　一九八二年八月）を「中日新聞」に連載します。昭和五七（一九八二）年七月一七日、「私は死ぬことだけを考えている。いかによく死ぬるか、死だけが私の唯一のあこがれになっている。よりよく死にたい」と夫宛ての遺書に記し、名古屋市千種区の自宅で自らの生命を絶ちました。

今回の講座では、以上のような人生の略歴を有する女性作家、江夏美好の代表作品『下々の女』を対象として、江夏自身の郷里である奥飛騨についての歴史的・民俗的記述を織り合わせて展開された作品を形態的・内容的に考察するとともに、明治・大正・昭和という生活環境が激変する時代、孤絶した地理的環境、苛酷な自然環境を有する「下々の国」に生きた女の生涯というモティーフや、主人公・森下ちなのふるさとに対する拘泥と愛着、父祖の血への畏怖《いふ》と自負という心のすがたを描出することによって、自らの人生の原点への追尋《ついじん》を試みた江夏の執筆動機、またその文学的昇華の様相・方法についてもご紹介したいと思います。

「下々の女」の一生――郷里からの出奔と郷愁

単行本四八〇頁にのぼる大河小説『下々の女』は、飛騨白川郷の地理的状況と女主人公の誕生を語る文章で幕を開けます。

大野郡白川村平瀬部落の旧家たろえもの「末子《おとんぼ》」として生まれた森下ちなは、少女期をこの合掌家屋の大家族とともに生活しますが、十八歳になったときに、しがらみを感じないではいられなかった人間関係からの解放を求めて生家を出奔《しゅっぽん》します。

ちなは、高山に住む姉ふでを頼って家出し、合掌部落の大家族制とはまったく異なる「町の生活」を体験します。家出した娘に対して厳しく応じた両親のもとに帰るわけにはゆかず、悲嘆のうちにも、明治三七（一九〇四）年、十九歳のちなは、かつて胸をときめかせた青年、大野郡白川村荻町出身の藤作大工の次男、福地今治と結婚し、どべら（岩盤掘り）として働く彼にしたがって、高根鉱山へと移り住みます。その後の長い流浪生活の幕開けでした。

その今治とちなが、吉城郡神岡鉱山の下之本坑山の社宅に住むことになったのは、明治四四（一九一一）年、ちな二六歳の五月のことでした。それ以降、今治が退職する昭和一〇（一九三五）年までの四半世紀の間、厳しい自然、地理的環境と生命の危機、経済的貧困の押し寄せる鉱山生活のなかで、四男三女を育てます。故郷を離れ、奥飛騨の厳しい自然のなかで生きているうちに、ちなの心には、かつて生活した合掌造りの家を建てたいという夢が、次第に高じてゆきます。その後も、ちなの合掌家屋での生活への熱情は、絶えることはありませんでした。

そのちなが、今治の退職金で白川村荻町の合掌造りの家屋を手に入れ、今治と末息子の鉄とともに故郷にかえって住むことになったのは、昭和一三（一九三八）年のことでした。しかしながら、没落した親戚筋である松村の旧家を金銭がらみで入手する経緯や鉄の引き起した火事などによって、一家は村八分の扱いを受けることになります。

ちなは、もともと波乱の鉱山生活の後に、夫の郷里に安住の地を望んだのでしたが、長年抱いていた白川への幻想は、日に日に色あせ、村内の人間関係・親戚関係の煩わしさから、「来るのではなかった」との悔恨の念さえ抱くことになります。また、時代の移りゆきとともに生じた合掌家屋に生活することの意味の変化にも、寂寥《せきりょう》感・喪失感を覚えないではいられませんでした。

合掌の里での安息への夢は叶うどころか、頼みの長男であった富男は第二次世界大戦で戦死、次男の康秀も負傷して復員し、その後も子どもたち一人ひとりの幸薄い人生を自らも背負い込み、同居した三男、三郎の嫁ともこころを通わせることができないなか、半世紀を連れ添った今治にも先立たれたちなは、長男の遺児である孫の剛の成長だけに全幅の期待をかけます。

しかし、その晩年の数年の日々にもちなのための安穏はなく、昭和三七（一九六二）年、電源開発の波が押し寄せ、御母衣《みぼろ》ダムが建設されようとしているさなか、その波乱の生涯を閉じました。享年七八歳でした。

白川郷合掌造りの家屋と大家族制——郷里への拘泥と愛着

ちなが白川村荻町に移り住んだ昭和一三（一九三八）年には、白川村の総戸数は約四六〇戸でした。二三集落のうち、村役場・郵便局・学校のある鳩谷部落でさえ四〇戸であったことを考えると、三〇戸の荻町は決して「町」の名に引けを取らなかったわけですが、その時期の荻町のすがた、合掌造りのようすが、「そば近くへよれば歴史の重みを支え、家の尊厳をうしなうまいとかまえた巨大な茅葺きの屋根も、こうして眺めれば、滑稽でぬっくりしていて、うずくまった家畜の姿を連想させた」、「和田家の背戸から迂回してつづく裏街道にも、ぬっくりぬっくりと合掌造りがならび、ひろ街道の両側には、くれ板や瓦やトタンで葺いた屋根の宿屋や雑貨店、煙草屋がならんでいる」（いずれも十の章・二）と表現されています。

「ぬっくり」というオノマトペを効果的に用いたこの合掌造りの描写は、茅葺きの合掌家屋が生命体であるという印象を与え、「いのち」をもつ「ふるさと」であるからこそ、かつて少女期のちなにもさまざまの感情を引き起こさないではいられなかったことを示しています。そして、その父祖の地への愛着・拘泥・畏怖の感情は、合掌家屋の階段が、「遠く果てない遠い昔につながる通路であるような気がした」「ちなは階段をのぼりおりするたびに、先祖と一緒にいるような気になる」（いずれも二の章・五）という文章や、囲炉裏の火を見ると、「厳粛な思いに打たれて身ぶるいする」「枯れた杉葉でいぶすまでもなく、燠がほてっていて、すぐに燃えつく。こうして気の遠くなるほども、ながい歴史をくりかえしてきたのである。」（同前）という文章に表現されています。

さらに、ちなにとっての出自である白川人の閉鎖性については、「白川以外のよそごとにはあまり関心を持たんようで、ひとはひと、自分らは自分らときめている。個人主義いうのやな、昔からそうらしい」（十一の章・一）というような、長男の富男の言葉などに表現されることになります。

代替わりした自分の生家で、ちなの語る内容もまた、かつての「直系や傍系あわせて二十四、五人もの大家族のにぎやか」（十一の章・二）であったことをいとおしむ心情以外ではあり得ません。かつての合掌家屋はもはや存在せず、「大家族」もいないという喪失感は、それを知る者が誰もいないという寂寥感となって増幅されてゆきます。

『下々の女』という作品の中核には、このように白川郷から出奔する際の主人公の心理的な葛藤と、そもそもその根源的な要因である合掌造りの家屋と大家族、奥飛騨の自然があります。その奥飛騨の地理的条件がもたらす隔絶感というものが、地域の閉鎖性、そこに生活する人々の孤立感として描かれ、それは「飛騨エゴイズム」と呼ばれる気質や、「身分相応」であることの強制・諦念として表わされることになります。

しかし、その郷里への拘泥とともに作品を貫流するのは、憧憬の念を抱いて出てきた都会である高山での生活、一家で渡り歩いた長い鉱山生活の途上、主人公の心に募っていったやみがたい郷愁の念、その要因になっているのもまた、合掌造りの家屋と大家族、奥飛騨の自然であり、この「ふるさと」に対するアンビヴァレントな心情は、自己の帰属限定に対する揺れそのものがもたらしたものとして記されているのです。

奥飛騨の歴史と民謡——郷里の由緒の確認

江夏美好は、主人公・ちなが拘泥と愛着を抱かざるを得なかった郷里の原点について、伝説や歴史的なエピソードの知識や調査を縦横無尽に駆使して表現してゆきます。たとえば、「飛騨」という地名については、次のように記されています。

> 飛騨の地名は、先住民族の概称である「夷《ひな》」からはじまったという。国内に野生の稗の多いところから、「稗田」の転訛ともいわれている。
>
> 成務天皇（一三五年）のころ、大八椅命《だいはちきのみこと》を斐陀国造にはじめて任命し、一国として設定されたとき、その国造の郷里である大和の「槭田」の名を冠したという説もある。さらにその前代の景行天皇のころ、武内　宿禰の東国巡察の報告書に、「日高見国」とある国ともいう。
>
> あるいはまた、同時代に近江宮廷造営の材を、この地にもとめて馬に運ばせたところ、とぶように走ったので「飛駄」と呼ばれたとの一説もある。
>
> 重畳とした山の〈襞〉からの転用ともいう。
>
> ヒダの国の字も、斐太、斐陀、飛駄などと使われたものの、文武天皇の大宝

二年に、この国から全身が黒毛で、鬣と尾の白い見事な神馬を献じたがため、百姓は三年のあいだ祖を免除され、国司はじめ郡司にまで、栄進の沙汰があった。これを機会に「飛騨」と称したという。騨は野馬で、駿足の意を持つ。(三の章・四)

さらに、主人公の人生の岐路となる飛騨で唯一の「おりたちの町」高山は、「奈良朝から平安朝にかけて、仏教文化が栄えて発展し、天平十三年には聖武天皇の国分寺が建立された歴史のふるい町、さらに元禄年間に江戸幕府の直轄地となり、飛騨地方の政治、経済、文化の中心地となって、進歩を遂げてきた町」(同前)と記され、その「血で血を洗うかなしい歴史」(三の章・七)——安永と天明の百姓一揆「大原騒動」の経緯・展開が詳述されることによって、高山という町の悲劇の歴史と汪溢《おういつ》する生命感が現出することになります。

ちなが今治とともに生活した高根鉱山の歴史についても、「遠く奈良朝のころ、すでに交通の要路」であり、「飛騨一番の御大尽が住んでいた日和田部落の地名は、鎌倉時代に記録され、部落名としては、元禄時代の検地にも記載されている」(四の章・三)ほどの歴史をもつ地として挙げられていますが、同時に、「鉱山のあるところ、いつも争いは絶えなかった」(八の章・一)というように、その富や権力をめぐる過去の争奪戦がつぶさに描き出され、今も昔も変わらぬ人間の欲望のすがたが浮き彫りにされることになります。

また、名古屋でその後半生を過ごした江夏が、自身の人生の原点である両親の郷里をたどる過程で、現住の地である第二の故郷との結びつきに有縁を感じたものの、年月の流れに無常を味わわないではいられなかったことが、白川郷保木脇に築かれた帰雲城の重臣・山下大和守と名古屋城築城のエピソードに表われています。

天正一三（一五八五）年の冬の大地震の際、領民の救済に奔走した山下大和守時慶の子・氏勝が、慶長一四（一六〇九）年、徳川家康が第九子義直のために尾張名古屋の築城に着手したときの献策者となったこと、氏勝の妻が義直の生母お亀の方の妹であったことから、家康父子の信任が厚く、築城の発議がたちまち採択されたことなどが記された後、「莪町と名古屋は、そうした縁で結ばれているが、城址はいたずらに雑草におおわれ、いまは遠い歴史をさぐるよすがもない。また帰雲城のあった保木脇も、雨の季節ごとに山がくずれて赤禿となり、その上流に『のまみ』の地名を残すのみである」（十の章・二）と、年月の移りゆきにしたがってその「よすが」さえたどることのできなくなったことへの寂寥感が彷彿《ほうふつ》としているのです。

このように、『下々の女』における歴史的な背景の叙述は、奥飛騨の歴史を語ると同時に、主人公である江夏の母の人生そのものを記すことによって、そこに脈々と生きる人間の営みを綴り、作品に重層性を与えることに成功しています。

また、過去の事件・出来事の記述をとおして郷里の歴史を語る叙述に織り合わされるように効果を発揮しているのが、民謡の歌詞です。口がきけないのではないかと思われるほど寡黙であった幼少期のちなが、唄がうまく「鶯ばばさ」と呼ばれた祖母から「口うつし」に歌を習う微笑ましい場面は、ちなと「家」とのかけがえのない繋がりを強調し、そのイメージは全編を通底しています。

田植え唄、桑こき唄、草刈、糸ひき、木やり、石場かちなどの唄から、古大臣や白川輪島にしょっしょう節。

小鳥白川、六厩のお寺

こけら葺きとは、しらなぁんだ・・・

ばばは唄がうまかった。声もよい。ちなは子供心にも、湯気にしめった美しい歌声に聞きほれ、哀調こもる民謡をたのしんだものである。（二の章・二）

また、苦労の絶えない鉱山生活のなかでの団欒《だんらん》のひととき、夫・今治の爪弾く「まずい三味」を聞いているうちに、ちなの胸が郷愁で波立ち、家族の前でしみじみとその情感を歌い上げる場面も印象的です。

素朴な民謡の歌詞には、白川村に生きた人間の歴史が込められ、しかも、その歴史は同時に、主人公自身の来し方を語ったものでした。そうであるがゆえに、自らも「鶯ばばさ」と呼ばれるようになったちなが歌うことの意味は、民謡の歌詞によって家族の結びつきを示すとともに、白川人の生命を伝えることでもあったのです。

最終章に至るまで、ちなの「鶯ばばさ」であることの意味は生かされ続け、家族を結びつける役割を果しています。かつて合掌造りの家屋の大家族とともに生きる生活のなか、祖母から「口うつし」に習い、また、艱難辛苦《かんなんしんく》の続いた鉱山生活のなか、家族にその絆を感得させた民謡の歌詞は、この『下々の女』全編にわたって綴られたちなの一生に対応するイメージを現出し、作品の重層性を可能にしたと言えるでしょう。

鉱山労務の日常——流浪生活の意味

奥飛騨の自然や白川郷の大家族制とともに、この長篇小説の横糸として織り上げられている題材が、鉱山労務の日常生活です。「女」であるちなの心に郷里が常にこだわりとなって生き続けたように、鉱山での仕事は「男」である今治にとっては自らを賭ける場であり、生きていることの実感を抱く場でした。それ故に、「こと鉱山の話になると、無口な今治が雄弁」(四の章・二)になったのです。

ちなと今治の夫婦生活の基盤には鉱山での労働があり、たとえ貧しくとも、その鉱山労務の生活は生きてゆくうえでの糧でした。「一に辛抱、二に辛抱えな。三にも四にもただ辛抱。辛抱さえすりゃ鉱山は銭になる。いやでも銭がたまる仕組でなあ」と、今治のもとへと向かうちなも牛方に言われ、「けっしてたまった金を逃すじゃない。やがて、家(合掌造り——引用者注)を買えるまで、むだ使いするものか」(四の章・三)と、心はずませながら決心します。

しかしながら、いよいよ夫婦で始めた鉱山生活は、収入がよいから貯えもできそうなのにどうしても金は手元に残らず、ちなは選坑婦として働くことを決意します。それは、「短衣に山袴をはき、手拭い一枚で髪をつつみ、一枚を首まき、草履ばき」(四の章・五)の出で立ちで、坑内から坑口までトロッコで押し出されてきた原鉱を、笊に入れて谷川へ運び、洗いながら選別するという苛酷な仕事でした。

そのような重労働を強いる鉱山生活でしたが、同時に、「鉱泥で汚すのが辛いほどの、美しい谷川の流れだった。笊をつけると、岩魚や山椒魚がとびはねて上流へ逃げた。子供たちはそれを追いかけて遊ぶ。大きな男の子もいる。鉱山私立の小学校はあっても、授業は一日おきであった。先生たちも教鞭をとらない日は、鉱山の事務員であり雑役婦である」(同前)というような、美しい自然に恵まれたのどかで自足の生活でもありました。

その後、いったん失業した今治が、飛騨産業を代表する三井神岡鉱山の坑夫として雇用されたのにともなって、ちなの流浪生活はさらに続き、明治四四(一九一一)年五月に、長女の庵子を伴って今治の配属先である下之本坑山に向かった旅路が、次のように説明されています。


神岡坑山の鉱区は、飛騨一町二カ村と越中にまたがる広大さで、面積は一千三百万坪余もあり、事務所は船津町鹿間にある。

鉱山の歴史はふるく、養老年間(七二〇)年の発見といわれていた。天正年間に金森出雲守が飛騨国守であったころ、越前大野の糸屋の舎弟茂住宗貞が、鉱山に経験ふかいところから、領主に仕え、金山奉行金森宗貞として、天稟的な才能を発揮し、隆盛をきわめた。その後、幾多の変遷を経て、三井家の経営にうつったのは明治十九年である。産出のおもなものは、金、銀、銅、鉛、亜鉛、蒼鉛、黒鉛などであり、鉛と亜鉛の産出額は日本一、銀もまた二、三位をあらそった。

下之本坑山は神岡鉱山の重要な採鉱場の一つ。金、銀、鉛などが産出された。とくに金は純度がたかく、銀も良質のものであった。（五の章・二）

この山之村での生活は、「栗、ぐみ、こくぼ、あけび、葡萄、いちきなどの木の実は子供の間食、背戸の山を越えた向こうの谷川では、岩魚を手づかみで捕えられる」（五の章・六）というような、「自然の豊饒な恩恵を、雪の季節以外はさまざまにうけることができる」（同前）楽園のような生活であり、ちなは郷里・白川村での生活を想起しないではいられませんでした。

「ぜんまい、わらび、笹の子とりには、女、子供の足ではむりな、遠い山まで行かねばならない。山之村のように恵まれた土地なら、大家族の食生活も改善されたであろう。あの大家族制度の発祥もまた、恵みすくないきびしい自然との闘いから生まれたとさえいえる」（同前）という、山之村の利点と対比的に郷里の苛酷な自然を挙げるちなの感慨からは、ちな自身が下之本坑山の生活をそれなりの幸福ととらえていること、故郷の「大家族制度」に常にこだわりを持ち続けていたことがうかがえます。

息子たちの誕生・成長のなかで、今治は、「いまはどんなおぞい坑夫の子でも百姓の倅でも、勉強次第で出世できる世の中じゃで」と語り、それに対して、「ちなな自身も、坑夫という職業に疑問を持ちはじめた矢先である。肉体をただ酷使して働くだけの生き方について、ちななりの懐疑を抱きはじめていた」（六の章・四）という変化が記されています。

「一日八時間以上を、地底で岩盤にいどむ酷な肉体労働をつづけ、苦労し、努力しても、もはや鉱山男の誇りである親分にもなれないのである。先が知れている。末が見えている。せめて富男はべつの世界で、立身出世してほしい！」（同前）と、ちなは切望します。

しかしながら、他方で、富男もまた自ら希望して事務系の仕事から給料の多い進鑿機をあつかう坑夫となり、「父親は手掘坑夫、兄息子が機械坑夫。弟息子が支柱坑夫と、一日で三人働く。下之本坑山で親子三人働くのは、他に桑原弥助の家だけである。ちなにとってはうれしいことであった」（七の章・一）とされています。

坑夫として夫と息子たちが働くことに対して、また鉱山生活そのものに対してのちなの心境は、このように二転三転しているのでした。夫や息子たち、家族の絆にこだわるがゆえのアンビバレントな心情ではなかったでしょうか。

次男の康秀が現役志願で入隊した昭和一〇（一九三五）年、二五年間の「永年勤続」の後に今治は三井鉱山を退職します。三〇年近く住んだ下之本部落で「主《ぬし》的な存在」

（九の章・五）になっていたちなは、自分と「密接不離の関係」（同前）にあるものの多いこの部落から白川村へと去れば、もう二度と訪れることができないかも知れないという思いにかられてゆきます。彼女の辛酸を味わいながらの未練は痛切なものでした。

一方、このような坑夫一家の「根なし草」の生活の果てに待ち受けていたのは、男たちを襲う「硅肺」でした。「よろけにかかった衆を焼くと、肺のあたりから小さな石が出るんじゃ。見たところ軽石みたいに穴だらけじゃけど、かたい鉛のかたまりなんや。骨にするとき、肺のあちこちへ散らばっていたのが、火熱でとけてかたまったのやろが、あれ見たらぞうっとする」（十の章・七）という富男の言葉に、その無残な実態が象眼されています。

下之本坑山に勤めた庵子の夫・吉助も硅肺のために働き盛りの四十八歳で死亡し、その葬式に出た三郎の、「おれが兵隊に行くまえに働いていた顔なじみは、みんなよろけで死んでしまっていた」（同前）という報告にも、硅肺という業病の残酷さが表現されています。

今治もまた硅肺の犠牲者のひとりであり、坑夫として生きることの自負とその果ての悲惨がうかがえます。江夏美好の「母」が自己の出自である白川郷の合掌造り・大家族制に愛着を抱いたように、「父」が自己の存立基盤とした坑夫としての仕事に執着したことを表わしており、母の嘆きと父の喘息を耳にして育った江夏にとって、自己のルーツを尋ねることは、両親のこだわり続けた生活の内容とその心の襞を描出することであったと言えるでしょう。

母の性《さが》と業――「底辺の女」＝「大地の母」

江夏美好が『下々の女』の題材としたのは、まさに奥飛騨の自然であり、白川郷の合掌家屋・大家族制であり、高根や神岡での鉱山生活であったわけですが、そもそも主人公ちなの波乱の一生の意味に託されたメッセージは、江夏自身の母の固有の生涯を伝えることにとどまっているわけではありません。

前掲の「創作ノート」に記された「中心人物は女でなくてはならない。・・・日本のどの町、どの村にも生きていた底辺の女こそ、大地の母ではなかったか」という言葉には、作者が「底辺の女」として自らの母の人生を綴ることをとおして、究極的には「日本」の「大地の母」――土地に根づきたくましく生き抜く「女」を描こうとした意図が表わされているからです。

しかしながら、その「母」の発想や行動は、江夏の愛情に濡れたまなざしで一方的に美化されたり弁護されたりするのではなく、時に辛辣《しんらつ》な批評眼で糾弾《きゅうだん》されることになり、その客観的な視点こそが、「日本のどの町、どの村にも生きていた」、今なお生きていると思われる「底辺の女」の普遍的な人生の描出を可能にしたのだと考えられます。

すなわち、奥飛驒白川郷に生きた江夏の「母」の人生をもとに展開されたのは、確かにちなという女主人公の固有の生涯でしたが、同時に江夏が意図し実際に描き出してみせたのは、「日本」の「底辺の女」の苦悩や葛藤、生きてゆくことの営為そのものでした。その普遍的な人生のメッセージを成就するためにも、白川郷の「女」の性《さが》と業は具体的に叙述されなければならなかったのです。

「働き蜂同様に愚痴も不平もいわず、生涯を生家で働きつづけてよ、やがてぼけて死んでゆかんならん。あわれなもんじゃで女・・・」（一の章・二）というような「女」の「不幸」を説くために、野麦峠を渡り苛酷な労働――「ほんにおすがい、こわい仕事」（三の章・五）に従事した糸ひき工女の悲劇も織り込まれ、「底辺の女」たちの人生の悲惨が具体的に紡ぎ出されてゆきます。

さらに、ちなの場合、長女の庵子に続いて生まれてきた赤児・吉春の死の体験は、「母」となった「女」としての最大の不幸のひとつであり、赤児を喪《うしな》ったちなは、失意、絶望、半狂乱という過程を経るなかで、「この世の不幸という不幸が手をつなぎ、自分を責めひしぐのではあるまいか」（四の章・八）とまで考えるようになりますが、その言葉を現実化するように、免れがたい貧困、今治の大酒、富男の爆発事故、三女の末子の死など、間断なく理不尽な「不幸」に見舞われます。その運命を切り拓くべく「貯蓄精神の旺盛なことや、働き者であること」（六の章・五）に努めたちなは、皮肉にも、家族や隣人に「煙たい」と思われてしまうのです。

やがて、「かつては夫の今治と、鉱山めぐりをするのもいとわなかったちなの気概は、すっかりかたちを変え、後とり息子に、懸命な奉仕とおきかえられ」（七の章・一）てゆきます。「この上は今治で結実しなかった女一代の夢を富男につなぎ、必死にそれにつかまっていよう」(同前)という、ちなの心境から生じた態度でした。

しかしながら、坑山での富男の事故は、ちなの「女一代の夢」を粉々に砕いてゆきます。ちなの「勝気」とそうであるがゆえに抱かざるを得ない挫折感・絶望感は、ちな自身を苦しめてやみません。「自分が鬼であり、阿修羅であったればこそ、家の平和が保ててきたのだ。この考えは、ちなをひどくさみしくさせた。とりかえしのつかない年月の重さが、ちなの身も心も痛めつける」(八の章・二)ことになるのです。

このように、白川郷合掌造りの町に居住することによって生じたちなの一家の悲運は、合掌家屋を入手するに際して向けられた町人たちの羨望・嫉妬による村八分だけではありませんでした。後に勃発する火事の伏線として、「木谷部落の火事」という「ちなの記憶のはじまり」(十の章・八)が挙げられています。

「火を出して村をさわがせたため、川原で小屋がけして小さくなって暮す人もいた。実家のたろえもでも、ずっと部落をさがって家を建てた。そうした例を知っていたから、ちなはことのほか火をだいじにしてきた。いま火を出せば、荻町には住めなくなるであろう」(同前)というような伏線の後に展開されるのが、近所の納屋の火事でした。それが末息子の鉄の放火だという村人たちの噂、駐在所の巡査による取り調べの結果、鉄の隠れ煙草の吸い殻から引火したという結論が導き出されたのでした。

伏線が張られた通りの内容がそのままちなと今治を襲い、村八分が決定的となってゆきます。正確には、合掌の里で火事を引き起した「大悪党」という烙印《らくいん》を押された子の母として、荻町の人々へのちなの負い目と懐疑心自体が、ちな自身を自縄自縛《じじょうじばく》の苦悩へと追いやってゆくのです。

「一切が空、一切が無の静謐の中で、自分はなぜこんな辛い思いをしながら、生きつづけねばならないのかと考える。愛情のほむらで身をやき、あくせく働きつづけて生きてきたことが、ひどくつまらないこと、むだなことに思われだす。畢竟これが人間の業だとすれば、念仏を唱えることすらうとましい。だまされたようで白じらしい。それとも自分一人がみじめなのか、自分だけが、仏さまから爪はじきされた人間なのであろうか」（十三の章・六）というように、ちなは不幸に打ちのめされることによって、「人間の業」を痛感し悲観的になりながらも、「ふびんでいとしい孫」のためなら、「たとえ夜叉にでも羅刹になってでも、生きつづけねばならない」（同前）と気を張って生きています。

そして、そのようなちなの自らへの覚悟と孫への愛情は、七五歳になって乳を出すという奇跡をも引き起こすことになるのでした。

小さな孫娘のために乳つくることの不思議さ。神仏の加護というより、子を育てるための女の習い性らしい。ちな自身もその変化におどろいた。ふかい業のような気がし、救われないと感じた。

添い寝をしながら乳房に吸いついた赤児の舌打ちに、因業なことだと涙を流しても、乳はないよりあった方がよい。小さな舌で乳房をまかれ、ぐいぐい吸われるとき、乳房のずっと奥の方で、精いっぱいの力に似たものが即座にたくわえられ、奔流のようにほとばしりたがる熱でうずいた。（十六の章・四）

ちながこの現象を「女の習い性」「ふかい業」ととらえたのに対して、ちなの義妹・しまは、「痩せたねんねがふびんじゃと、おみが一所懸命に念じとろうが。その慈悲の心が、ねんね肥とらすための乳を出させるんじょ。つまり、おみの心が孫かわいさで、仏さまみたいに大きくひろうなっとる証拠じゃ、きっと」（同前）と説明し、孫に対するちなの愛情を称揚する役割を果しています。

ともあれ、最晩年まで貧困に苦しめられたちなは、長男・富男の遺産が底をつくやいなや、大学生になった孫の剛への送金もできなくなり、実家たろえもの後継者の新築の家に招かれたおり、「檜特有の芳香」「青畳」「やわらかな夜具」に包まれて、「静かな、おだやかな時間」をもっても、「つきのめされたような孤独感」（十六の章・五）に責められないでいられませんでした。

ちなが、自らの生活を「あまりにまずしかった」（同前）と感じたからですが、このようなちなの心情は、決して否定的に記されてはいません。ちなの自意識が自らの貧困を嘆かせたにしても、その根底には、孫不憫《ふびん》の情愛が滾っていることが示唆されていたからでしょう。

飛騨白川郷の「底辺の女」から日本の「大地の母」を生むために

以上、見てきたように、単行本四八〇頁にのぼる大作『下々の女』を完成させた江夏美好の執筆動機として、飛騨白川郷の父祖・血族への愛情・愛着、確執・拘泥、人生の原点すなわち生まれ育った風土への郷愁・追尋を挙げることができますが、さらに、作品の構成要素となっていたのは、地理的条件がもたらす隔絶感であり、それは「飛騨エゴイズム」と呼ばれる地域の閉鎖性や生活人の孤立感として表現されていました。

この点は、主人公・森下ちなが都会である高山にあこがれ生家を出奔することによって逆に郷土愛に覚醒し、自己の故郷への帰属意識を深めるというストーリーにも託されていました。

さらに、飛騨の歴史・伝説の叙述をとおして白川郷の由緒が確認され、折にふれてちなに歌われる民謡は、たとえ苛酷な現実であろうと、その日々の営みに愛着を抱く飛騨人の心情を彷彿とさせ、伝統文化を継承してゆくことの必然性を訴えていたと言えるでしょう。

題名に象徴されているように、『下々の女』には、江夏の人間観察・心理描写の粋が縦横無尽に駆使され、白川郷合掌造りの大家族のもとで育った主人公ちなが長い鉱山生活を経て、夫の出身地である荻町の合掌家屋で過ごしたその日常生活の描写には、女の性《さが》・業の悲哀そのものが表現されています。

また、白川郷という「生命」についての江夏の文学化の営為は、豊かな感受性をもつ登場人物の造形、的確な風景描写、正確な歴史的叙述に支えられて実現しています。

さらには、主人公の死の場面を控えた最終部分には、観光産業によって変貌を余儀なくされる白川郷の「生命」の様相が描かれ、作家の故郷や肉親への愛情と拘泥によって生み出されたこの作品は、書き手の個人的な心情発露のレベルにとどまらず、自然と人間の共存・共生のあり方について、真摯《しんし》な問題提起をなしていると言えるでしょう。

たとえば、このことは、ダム建設と観光産業をめぐる最終章のさりげない記述にうかがえます。


人間が自然に挑戦し、見事に打ち勝ったのがダムである。してみればそのダムのため、直接に被害をうけたのは、父祖伝来の地を、水没という憂目にあった人々にせよ、巨大なダムの陰で、いまだに生活を営む人々が、間接的に被害をうけたということになる。観光客がおしかけても、ためにうるおうのは旅館に民宿、商店ぐらいであり、一般の人たちの生活がゆたかになるはずもない。

観光客は勝手な解釈をし、自分の旅愁を満足させるために、そうした村人——切妻合掌造りに住む人々に、ふかいいたわりの眼を向ける。車からおりればカメラをかまえ、大至急、大至急とばかりにシャッターをきる。こうした人たちは、もはや路傍の人、二度と白川を訪れることもないであろう。

村人はカメラを向けられれば、ちょっとポーズをつくってやるくらいの寛容さを持っている。そして旅の人間から向けられた憐憫の眼差しを、そっくりそのまま、客人への返礼とする。少々辛く、かなしく、せつなくても、山また山の飛騨の奥地に生きる人間の宿命で、たくましい生活の智恵は、ちゃんと身につけているからであった。さらに自然はつねに美しい。ゆたかである。あの白くかわきあがった庄川さえも・・・。不運なことに旅人は、それを知らないだけであった。（十六の章・九）

巨大なダムの建設によって破壊されてゆく奥飛騨の自然と合掌家屋、白川人の生活。観光客の無神経な行動、村人たちの自負。「底辺の女」である母の人生を綴る過程で、白川郷の合掌家屋に住むことや大家族とともに生きることの意味、苛酷な鉱山労務の生活の様相と向き合ってきた江夏美好は、人間の愚かさ、傲慢さを嫌というほど痛感していたにちがいないでしょう。そうであるがゆえに、奥飛騨の美しく豊かな自然への愛情あふれる感懐が、「底辺の女」の人生の掘り起こしによって「大地の母」の像を築き上げる原動力となり得たのではなかったでしょうか。

明治・大正・昭和の激動の時代、「下々の国」の「底辺の女」の一生を縦糸に、白川郷の大家族制と鉱山労務の日常生活を横糸に丹念に織り上げられた長編小説『下々の女』は、固有の時空間を超えた「大地の母」を描出することに成功しました。江夏美好自身を重ね合わせることのできるちなの三女（末娘）・末子を小説において「死なせる」（注）ことによって、すなわち小説における自分自身の思い入れが主観に流れることを回避することによって、客観的視点と洞察力を縦横無尽に駆使することを実現した江夏美好は、文字通り、畢生の大作を完成させたと言えるでしょう。

（注）本稿は、拙稿「江夏美好『下々の女』における〈大地の母〉の文学化――飛騨白川郷の〈底辺の女〉の一生という題材と主題――」（『岐阜大学地域科学部研究報告』第2号　一九九八年三月）（二〇六～二三二頁）に拠っています。当該論文では、「死の受容――死者への慈愛／生命への凝視」および「〈母〉の語り部の存在――末子（＝作者）の〈死〉の意味」についても考察していますので、併せてお読みいただければ幸いです。

第3回　方言地図から見る岐阜県方言

山田　敏弘

はじめに

岐阜県方言の概説については、すでに何度かお話しし、本シリーズ『リブロ岐阜学』ＶＯＬ．Ⅰにもまとめました。その中で、日本の真ん中にある岐阜県だからこそ、東北地方や九州地方のように極端な個性が目立つことばは少ないけれど、東西方言の接点として他に比類なき特徴をもっていることを、音声、語彙、文法、文字など、さまざまな観点から説明いたしました。

今回は、特に方言地図を通して、岐阜県内の語彙の分布、さらには、大きく影響し合う隣県 愛知県との連続性と相違を描いていきます。今まであたりまえに耳にしていたことばが、実際にどこまで使われる方言なのかをよりよく知り、岐阜県のことばに対する愛情と自尊心を深めてもらえればありがたく思います。

方言はどうしてできるのか

言語には、変化しやすい性質と変化しにくい性質とがあります。

変化しやすい性質は、文末表現もそうですが、やはり、語彙に多く見られます。毎日のように生み出される新しいモノやコトを言い表すために、ことばも生まれ、そして役割を終えると消えていきます。二〇一八年に改訂版が発行された『広辞苑』（第七版）においては、「がっつり」や「のりのり」などの新語が採録された反面、「給水ポンプ」や「スーパー特急」などの語が削除されました（朝日新聞二〇一七年一〇月二四日記事より）。日常会話でも、高校生などの間で流行っている（いた）「激おこぷんぷん丸」や「マジ卍」など、若者ことばはより短命です。

では、新しい語はどのように受け入れるのでしょうか。現在では、ネットやテレビ・ラジオで時を置かずに全国に広まる語もありますが、便利な道具のなかった昔は、地を這《は》うように口伝えで広まっていきました。当然、その発信地は流行の先端地です。平安の昔から、京都が実質的な都であった時代には、その威光に皆が憧《あこが》れて京都のことばを使ったものと考えられます。江戸に政治の中心があった時代においても、京都はことばの発信地でもありました。

となると、岐阜県では、基本的には、京都からの距離が近い西濃地方からことばが入り、東へと広がっていきます。美濃へ入ったことばは、さらに飛騨や尾張へと広がっていきました。

現在の方言分布を表した地図からは、このような昔のことばの伝わり方が垣間見られます。今回は、三種類の方言地図から、その様子を探っていきましょう。

写真１　国立国語研究所編『日本言語地図』１〜６、1966-1974

全国から岐阜県方言の位置づけを知るための方言地図

一般に想像される「方言」とは、ことばの地理的バリエーションです。専門的には、若者ことばや専門用語なども「社会方言」と呼ばれ、「方言」の一種とされますが、ここでは地理的な変異を呈することばを「方言」と呼んでおきます。

岐阜県の方言分布を知るためには、全国の中の位置づけと、岐阜県内での分布の両面から考える必要があります。

全国を網羅した方言地図には、次のようなものがあります。

・国語調査委員会編一九〇六『口語法分布図』三七図
・国立国語研究所 一九六六－一九七四『日本言語地図』全六巻　三〇〇図
・国立国語研究所一九八九－二〇〇六『方言文法全国地図』全六巻　三五〇図
・大西拓一郎編 二〇一六『新日本言語地図』一五〇図

明治時代の国語調査委員会によっておこなわれた調査は、結果を面で示す大雑把なものでした。しかも、第二次調査の結果は、関東大震災で消失し、以降、大規模な調査は、戦後までおこなわれませんでした。戦後の復興後、詳細な調査がおこなわれた結果は、『日本言語地図』においてまとめられました。実物はカラーで、国立国語研究所のホームページからも閲覧することが可能です（https://www.ninjal.ac.jp/publication/catalogue/laj_map/）。

一例を挙げると、『日本言語地図』の五二図「あぐらをかく」は、次のようになっています。岐阜県内の地点数は、六一地点です。

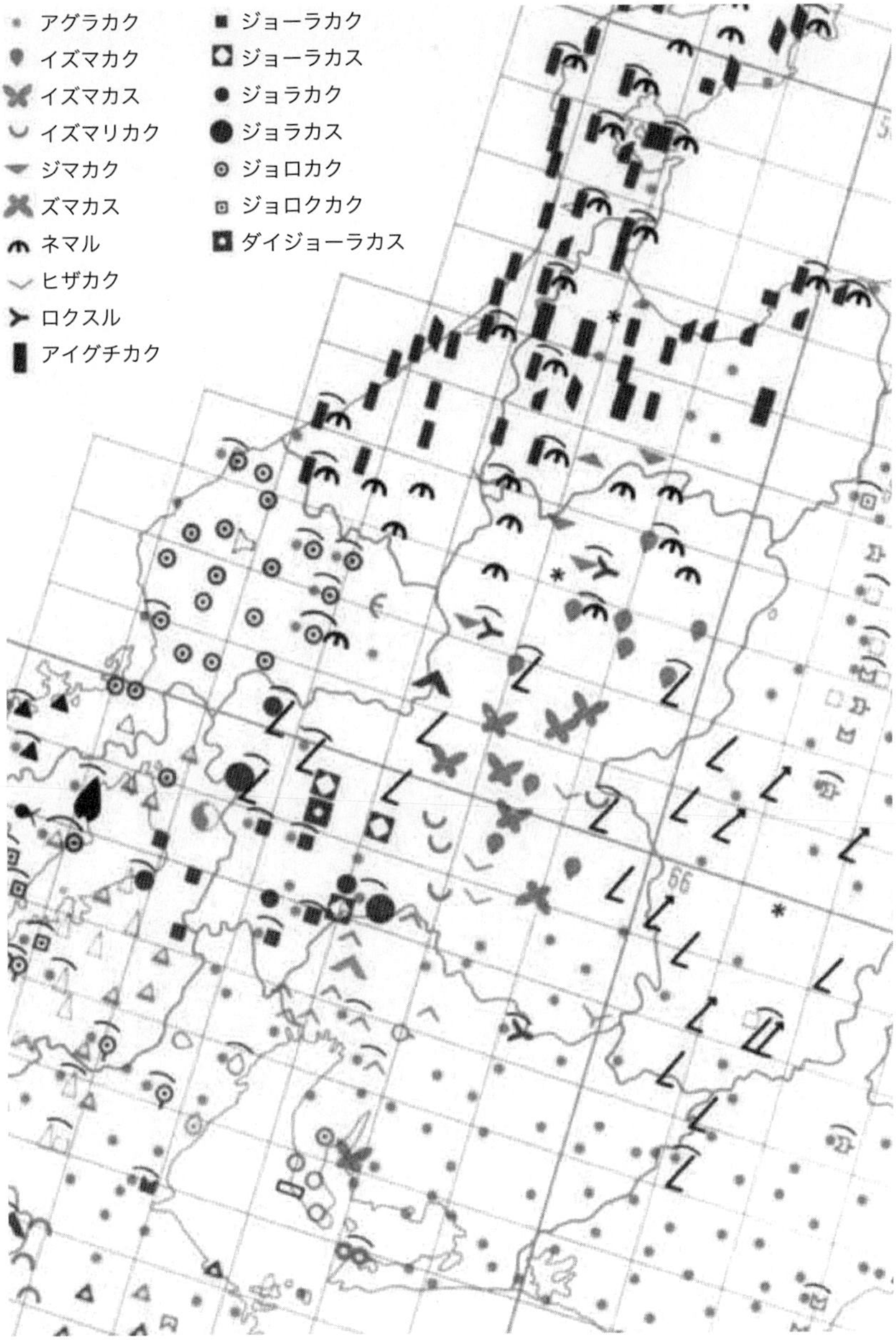

地図1 『日本言語地図』五二図（部分）より

これによると、飛騨北部に見られる「ネマル」は、富山県西部から能登半島まで広がっていることがわかります。さらに、全国の地図を見ると、「ネマル」が岩手県北部に固まって見られます。飛騨南部から郡上の当たりに多い「イズマカス」は、岐阜県独自の語形ですが、遠く離れた大分県に「ジマカス」という、おそらく関連するであろう語形が確認されます。さらに、岐阜市あたりから西濃にかけて見られる「ジョーラカス」は、「ジョーロ」系の語形で近畿や福井県にも見られます。

他の地域との関連を見ながら岐阜県内の方言分布を見ていくことは、大切なことです。全国の方言の中での岐阜県の方言の位置づけをみることによって、岐阜県内で使われる方言の語彙（俚言）は、おおよそ西寄りであることがわかります。ただ、全国で二四〇〇箇所、岐阜県内だけで六一地点を調査することはたいへんなことです。お金もかかります。そのため、二〇一〇年代におこなった、『日本言語地図』の五〇年後の変化を調べる調査（『新日本言語地図』としてまとめられた）では、私自身が岐阜県内の調査の大半をおこないましたが、二〇地点も調査に行くことができませんでした。地点にするとただのひとつの記号に過ぎませんが、実際には、人選を各地で個人的つてをたどっておこなった上で調査に行きます。一日で終わらないこともありますし、残念ながら適切な話者でなかったりすることもあります。臨地調査には、とかく時間と手間とお金がかかるものなのです。

岐阜県内の方言分布を知るための方言地図

岐阜県内に特化した地図には、次のようなものがあります。

- 岐阜県女子師範学校編 一九三八『岐阜県郷土研究』同校
- 加藤毅 編一九九四－一九九八『日本のまん真ん中 岐阜県方言地図』
- 山田敏弘編二〇〇八『ぎふことばの研究ノート7』私家版
- 山田敏弘編 二〇一五『ぎふことばの研究ノート16』私家版

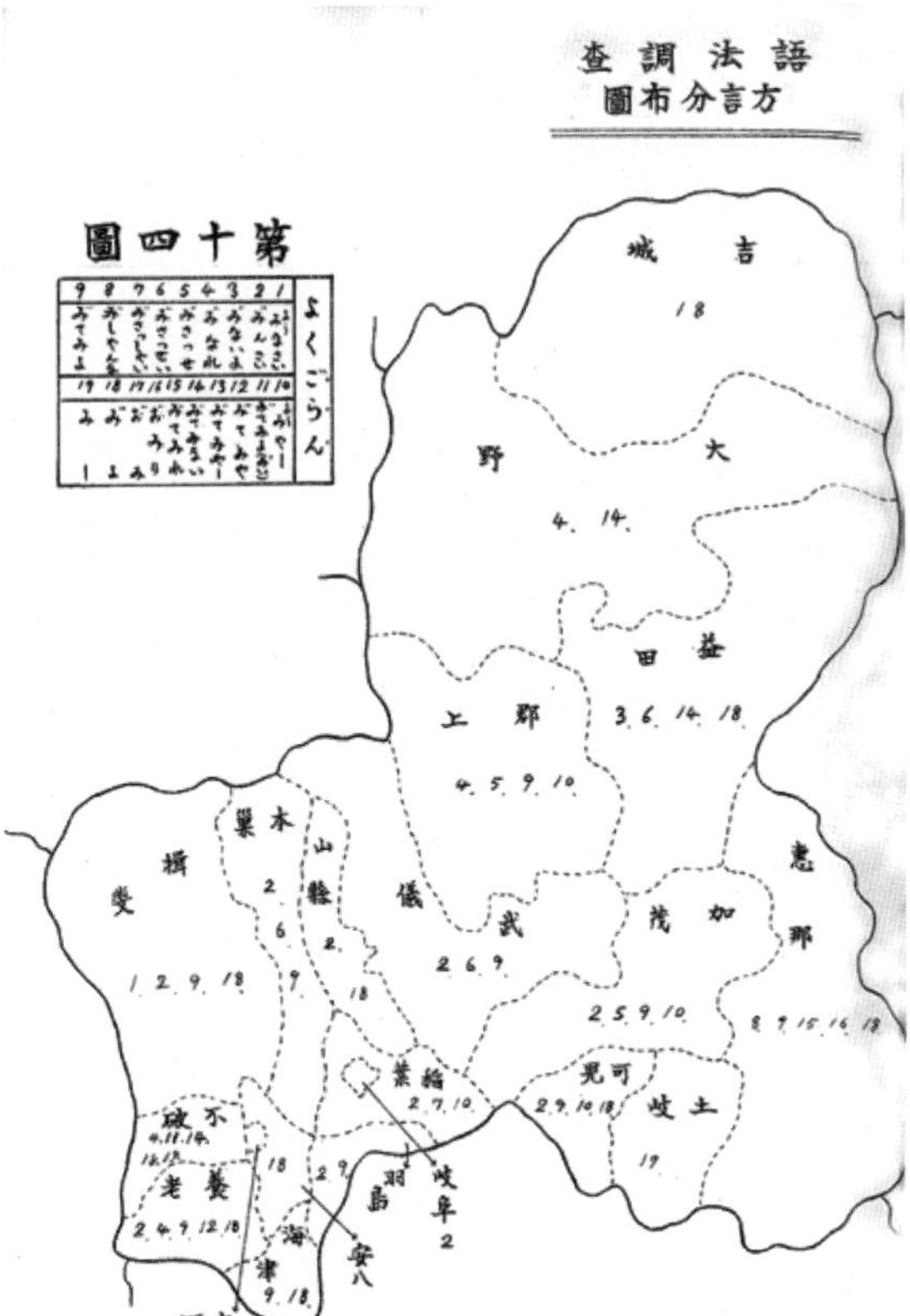

地図2　加藤道郎「語法上から見た岐阜縣下の方言の研究」『岐阜県郷土研究』より

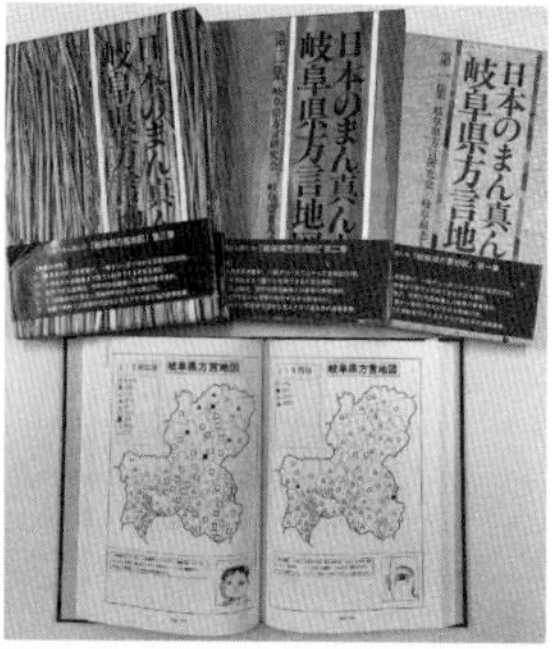

写真２『日本のまん真ん中　岐阜県方言地図』第１集〜第３集

岐阜県女子師範学校編（一九三八）は、前ページに示したように、まだ地点という考えかたでなく、面で大まかな分布を示しています。それでも、岐阜県内に多様な方言が存在していて、飛騨と美濃との方言差が一目で分かります。たとえば、飛騨地方には、「ミナイ3」や「ミテミナイ14」のように、尊敬語の「〜ナル」の命令形を用いた形が見られます。また、旧恵那郡の中津川市や恵那市には、「ミテミレ15」や「オミリ16」のような、一段動詞「見る」が「見ろ」や「見よ」ではなく、ラ行五段動詞のように活用した形も見られます。さらに、旧稲葉郡（現在の岐阜市や各務原市など）や大垣市などには、「ミヤー10」のような言い方が書かれています。戦前の学校教員養成では、まず、方言が問題となったことが想像されます。

岐阜県方言研究会は、昭和三〇年代に岐阜大学に奉職した奥村三雄氏の教え子が、大学を卒業して岐阜県の教員となった後も研究を続け、その集大成として九〇〇枚の地図を編纂・採録しました。岐阜県内に一九八七年まであった一〇〇の自治体の老人クラブすべてに対し、調査票を送付し、内省によって回答された方言語形を地図に表現したもので、岐阜県内の地点数は、前に挙げた国立国語研究所編『日本言語地図』をはるかにしのぐ数となっています。

その中から二枚の地図を引用してみます。

次ページに引用した図は、「楽に座る」の意味で調査がなされた語形を集めた地図です。五九ページに挙げた『日本言語地図』と問い方が異なりますので、直接比較することは難しいですが、飛騨地方に「イズマカク◇」や「イズマカス◆」

地図3　加藤毅編『日本のまん真ん中　岐阜県方言地図　第3集』より

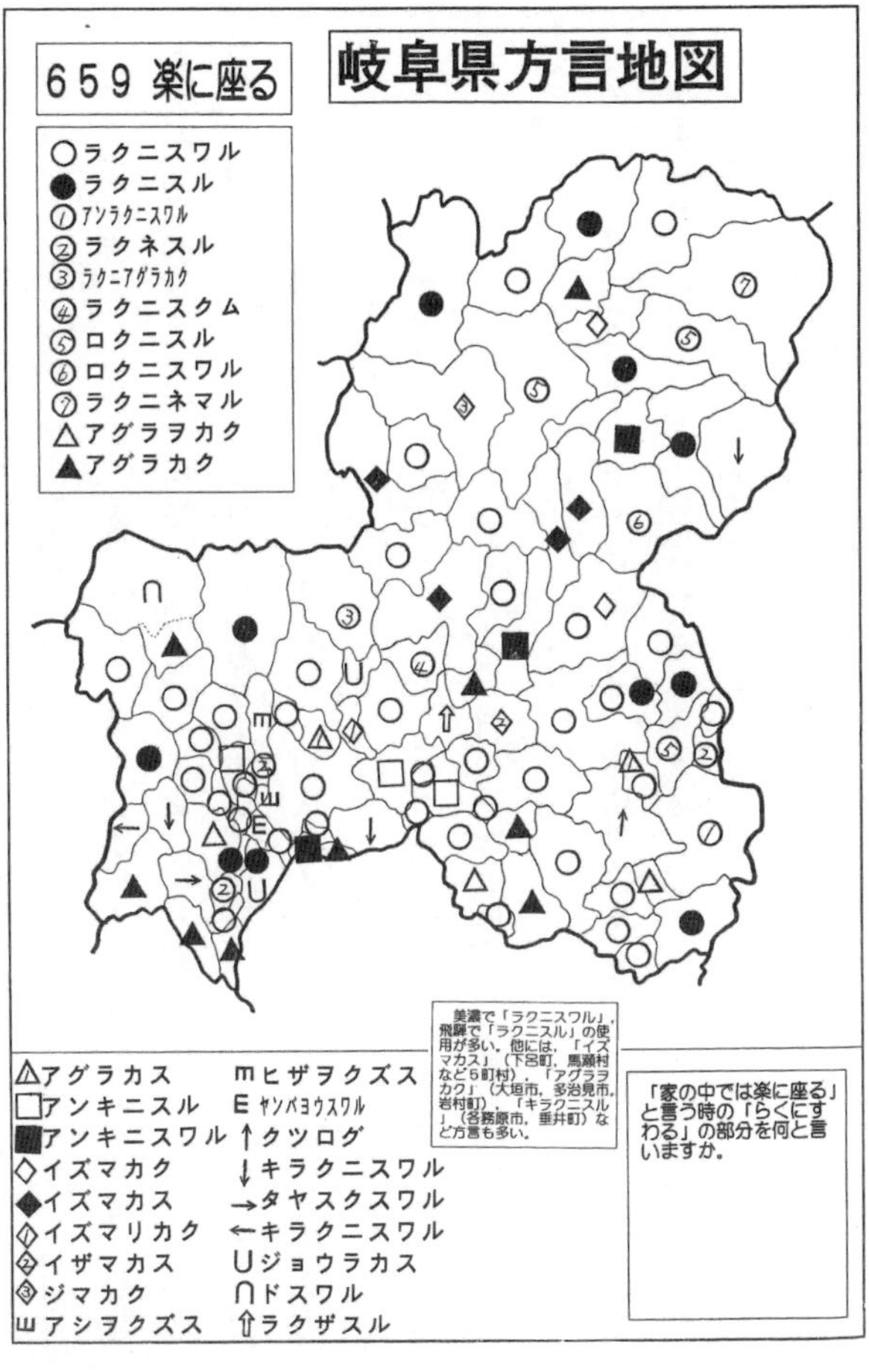

が見られます。一方、飛騨地方北部に見られた「ネマル」はこの地図に見られず、また、西濃地方に見られた「ジョーラカスU」の系統の語も二箇所しか見当たりません。ことばは、同じ、あるいは似たような意味を、必ずしもひとつの語で言い表すとはかぎりません。「車」と言ったり「自動車」と言ったりするなど、身の

回りに複数の呼び名があるものは簡単に見つかります。そのため、地図に表れされていない語形もあるのです。

また、同じ市町村の中でも地域によって変わることばは多くあります。現在のような広い市町村でなくとも、岐阜市の北部と南部では、ことばも変わります。柳ヶ瀬など街中に行くと「行きゃー」のように促すことばがよく使われていましたが、地元ではむしろ「行きんせー」のように言ったことを、岐阜市北部出身の私自身もおぼえています。人によっては、複数の形を相手によって使い分けた人もいました。対面で調査する場合には、事前に調べておいたり近隣地域で使われる形も尋ねて、複数の語形を併記することがありますが、通信による調査ではそこまで親切に答えてくれる人は、むしろ少数派で、ひとつの語形のみの地図になったりすることもよくあります。

もう一枚、地図を引用しましょう。今では、できる人も少なくなりましたが、目をこすったりしてばい菌が入るとなる、目の下などにできる腫れ物のことを指すことばです。

この語も、県内で差が大きいことばです。飛騨地方から東濃地方・中濃地方まで「メコジキ□」という語形が広く見られます。「コジキ」ということばは、今では差別的な意味合いもあり避けられることばですから、聞いたことがない若い人もいるかもしれませんね。しかし、発想としては、共通語となっている「ものもらい」と同じものです。どちらも、この病気を発症した際には、近所の家などか

地図4　加藤毅編『日本のまん真ん中　岐阜県方言地図　第1集』より

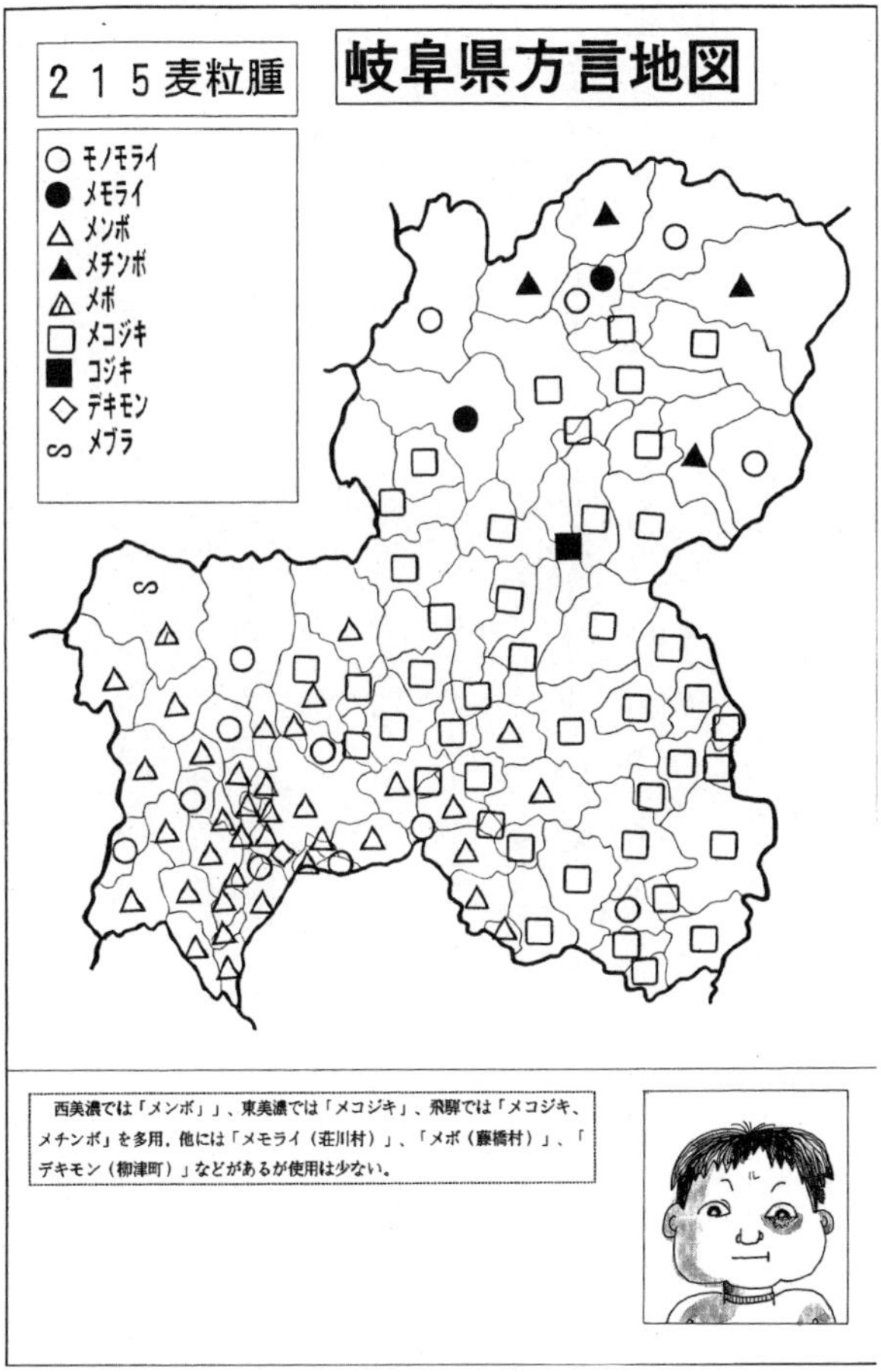

ら物をもらうと治ると言われていたことからきています。方言研究では、人間のさまざまな発想を知ることができます。その多様性を示すためにあえてここでは学術的意図でこの語を使いましたが、もちろん相手によっては傷つくことがあるので要注意なことばです。

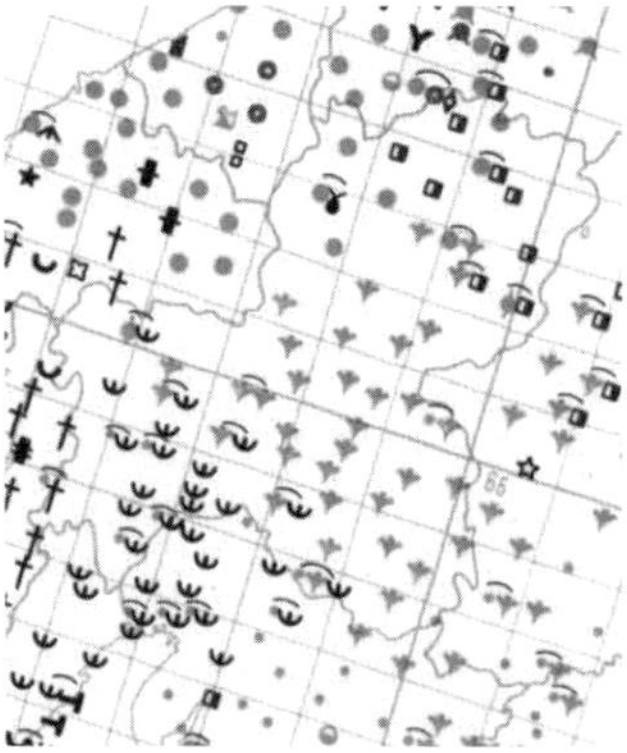

地図5（左）『日本言語地図』第一一二図「ものもらい」より（部分）

美濃地方の岐阜から西部、また、中濃地方や東濃地方にも一部見られる「メンボ△」は、「目疣《いぼ》」が語源です。岐阜市当たりでは、共通語であると考えている人も多くいる、気づかれにくい方言と言えます。私の知っている眼科医でも「メンボ」と言っていました。もちろん、お医者さんなのですから「ものもらい」という共通語を知っているでしょうし、学術名の「麦粒腫《ばくりゅうしゅ》」とも業界では呼んでいるでしょうが、患者さんに通りの良い「メンボ」をあえて使うことで、わかりやすくしていることもあります。方言のほうが症状が訴えやすいということもありますので、あえて方言を使っているという医師も多くいます。患者の側に寄り添えば、医師すら方言を知らないでいられないのです。今後も、医療や福祉の現場では方言が必要とされていくでしょう。

さて、前のページの地図を見て、美濃地方南部で「メンボ」が多く使われているのなら、愛知県ではどうなのかと思った人もいるでしょう。方言は、もちろんそこに国境があって容易に越えられないという場合を除けば、人から人へ、県境を越えて広がります。このような県境を越えて分布する場合には、全国の調査が役に立ちます。ちなみに、「ものもらい」の『日本方言地図』の地図は、上図の通りです。

「メコジキ」が飛騨地方から東濃・中濃地域に分布し、さらに西濃地方の北部にまで確認されます。一方、「メンボ」は、西濃地方を中心に分布が確認されますが、さらに愛知県尾張地方や三重県北部にまで広がっていることがわかります。

また、岐阜県北部には、富山県にも繋がる「メチンボ」という形も広く見られます。全国の分布図は、このような県境を越えた分布を見る場合にも役に立ちますが、一方で、さきにのべたように、この一地点に調査へ行く労力と費用はたいへんなものがあり、三〇〇項目に入っていなかった項目について、一般には知ることができません。

調査に含まれなかったことばについても、もっと簡単に分布を知る方法があったら、そんな思いを常にもっていたことから、今回、これまでに各市町村で記述された方言をデータ化し、そのデータファイルから地図にプロットするソフトを開発しましたので、そこから描いた地図を次に紹介します。

『岐阜県方言辞典』（山田二〇一七）とその方言地図

岐阜県内には、昭和の時代まで九九の市町村がありました。その大半において市町村史が編まれ、さらには、その市町村合併の折に消えてしまった町村の記録を残している郷土誌もいくつかあります。その中に記述される項目は、古いものでは地区ごとの人口や功績のあった人物などもありますが、近年まで多くの史誌類に民俗に関すること、特に方言の記述は多くありました。

こちらから集めに行かなくとも、その土地の記憶が記録されているのであれば、その記録を地図上に表示すれば、おおよその分布がわかると考え、岐阜県内のすべての市町村史の方言記述約五万五千項目を集めデータ整理をおこないました。

同時に、岐阜県と方言的に類似点の多い愛知県の方言四万五千についても整理し、両県の関係性がわかるように、本稿筆者である山田が二〇一七年、地図化し、その地図およそ八〇〇枚を含む『岐阜県方言辞典』を刊行いたしました。

市町村史の記述の中でもっとも古いものは、一九一二（明治四五）年の『加茂郡黒川村誌』（現 白川町）。もっとも新しいものは、今回の引用した限りにおいて、二〇〇八（平成二〇）年の『上矢作町史』（現 恵那市）です。およそ一〇〇年の時差のある記述を同じ地図上に並べてよいかという点は、十分に検討する必要があります。しかし、今回、おおよその分布を見るのに差し支えない結果が得られました。厳密に言えば、同じ時期に調査した結果こそ、地図上に並べるにはふさわしいデータとなりますが、その場合でも、六〇代の人に尋ねるのと八〇代の人に尋ねるのとでは異なる回答が得られます（たまにそのような調査も見られます）。現代のことばを記述したというわけでなく、その地で古く使われたことばの集積である市町村史の記述は、それほど厳密な結果を得る必要がない場合には、十分な示唆を与えます。それに、農産物や動作・病状など、ふだんから身近な物事の名前は、変わる必要がないかぎり、変化しにくいものです。

その地図からいくつか紹介しながら、岐阜県方言の特徴を解説していきます。

語彙は西からやってくる

みなさんは、流行っていることばを真似したいと思いますか。多くの人は、真

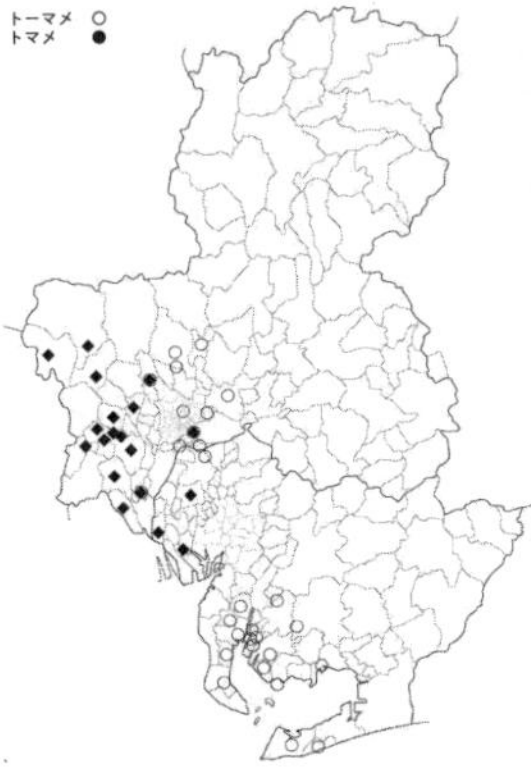

地図6（左）『岐阜県方言辞典』「トーマメ」より

似したいと思っているか、思っていなくても知らないうちに使っているでしょう。

では、そのような流行語は、どこからやってくるのでしょう。現代においては、テレビやインターネットで一瞬にして広まることばも、そのような機器のなかった時代には、人づてに伝わりました。隣の町ではこう言っているよ、という噂を聞いて、次の町に広がるということを繰り返して、ことばは遠くまで伝わっていったのです。

その発信地は、前にも述べたとおり京都です。江戸時代、江戸に幕府が開かれてからは、たしかに江戸から広まっていったことばもありましたが、人は京都とのことばに権威を感じ、それを受容してきました。そのため、今の岐阜県南部の美濃国には、主に西からことばは伝わってきたと考えられます。その証拠のひとつが、地図6の「そらまめ」です。

岐阜県内では「そらまめ」は、西濃地方や岐阜市周辺で「トーマメ」や「トマメ」と呼ばれます。どちらのほうが古い形でしょうか。人間は、労力をかけて発音するよりも、簡単に発音するほうを好みます。このようにして、「唐豆」を語源とする「トーマメ」は、短く言いやすい「トマメ」に変化したと考えられます。

では、「トーマメ○」と「トマメ●」の分布図を見てみましょう。岐阜県内では、西濃地方に短い「トマメ●」が見られ、一部、愛知県尾張地方西部にも入り込んでいます。一方で、長い「トーマメ○」は、「トマメ●」の東側、ならびに愛知県内では南東側に広がっていることがわかります。このことから、どんなことがわ

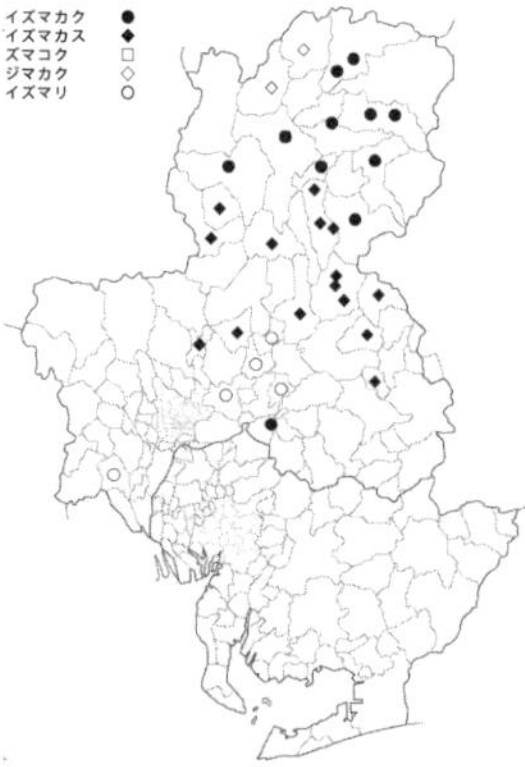

地図7『岐阜県方言辞典』「イズマカク」より

かるでしょうか。それは、最初に西から「トーマメ○」が入ってきて、分布を東へと広げて行った。後に、新しく短い「トマメ●」が西から入ってきて「トーマメ○」に取って代わっていった。このような変化ではないでしょうか。

一語だけであれば偶然と言うこともありえますが、これは、「食べない」を「タベーヘン」という地域が、今の大学生世代で、岐阜市より東に見られ、「タベヘン」と短く言う形が岐阜市より西に見られることと一致しています。特別なことばだけに生じる変化ではなく、多くのことばに共通する変化を見ていくことで、この地方では、常に語彙が西から新しい語形に移り変わっていき、その変化が岐阜県内では東や北へ、そして、愛知県内では東南へと広がっていくことがわかります。

現在では、「名岐バイパス」という名前や、「愛知・岐阜・三重」という呼び名で、岐阜は愛知の後にあると考えている人も多いでしょうが、昔は、人も物も、そしてことばも、美濃地方を通って尾張地方へと伝えられていきました。その証拠に、今でも地理では、「濃尾平野」と、美濃は尾張の前に置かれて呼ばれます。

さらに新しいことばに取って代わられたことばもあります。それは、すでに挙げた「あぐらをかく」の方言形式です。

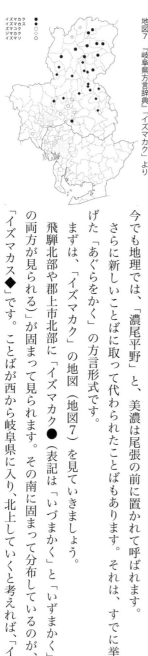

まずは、「イズマカク」の地図（地図7）を見ていきましょう。

飛騨北部や郡上市北部に「イズマカク●（表記は「いづまかく」と「いずまかく」の両方が見られる）」が固まって見られます。その南に固まって分布しているのが、「イズマカス◆」です。ことばが西から岐阜県に入り、北上していくと考えれば、「イ

地図8 『岐阜県方言辞典』「ジョーラカス」より

ズマカク●」がより古い形で、「イズマカス◆」は新しい形と言うことになります。では、「イズマカス◆」は、それよりも西から伝わってきたのでしょうか。それを知るために「ジョーラ」の地図（地図8）を見てみましょう。「ジョーラ」は、「丈六」、すなわち、仏像の一般的な高さのことを指す名詞です。仏像は、座像であれば、ふつう結跏趺坐《けっかふざ》というあぐらをかいた格好をしています。このことから、「丈六をかく」から「ジョーラカク○」となったのではないかと考えられます。

不思議なのは、「ジョーラカス◇」です。「丈六」のような名詞に、直接「カス」が付くことはありません。「ワラワカス（笑わせる）」も「ウシナカス（失う）」でも、動詞の活用形に「カス」が付きます。本来、「ジョーラカス」は生じない形なのです。

この語形の誕生理由を考えるには、隣接する「イズマカス」と併せて考える必要があります。「イズマ」は、「居住まい」を語源とすると考えられますが、そのもとは「住まふ《う》」。動詞由来で「～カク」とも音の近さもあって、「イズマカス」が成立しやすかったのでしょう。それが、関市や岐阜市の辺りで衝突し、本来なかったであろう「ジョーラカス◇」が生じた理由ではないかと考えられます。

そうなると、「ジョーラカス◇」のほうが、「ジョーラカク○」よりも新しい形になります。新しい形がより東側に存在する。それが語形の接触によって生じたものであっても、興味深い現象です。

余談ですが、「イズマ」は、本来、「あぐら」と限定された座り方ではなく、単にくつろいだ様子であったと考えられます。その証拠に下呂市の旧下呂町には、「くつろぐ」の意味で記述されます。その土地その土地の工夫によって新しい語形が生み出されたり、古い意味を保持したり、語の変化は気まぐれです。

名古屋からやってきたことば

岐阜市では、織田信長が「岐阜」と命名して二〇一七年で四五〇周年。それを記念し、さまざまな催しが開かれました。たしかに、元は尾張の一武将にすぎなかった信長ですが、岐阜に残した足跡は大きなものです。しかし、それからの四五〇年間、徳川の世となっても、尾張が美濃に大きな影響を与え続ける時代が続きました。それは、ことばにも見ることができます。

尾張地方から美濃地方に流入してきたことがはっきりわかる文末表現として、まず、「ナモ」類を見ていきましょう。美濃地方から尾張地方にかけて、ほぼ全域で見られます。しかし、これまでに見て来た地図とは違う点があります。それは何でしょうか。

「ナモ」の語源は、終助詞の「ナ」に「申す」から来た丁寧さを表す接尾辞が付いたものです。そのため「ナモーシ」に近い「ナモシ」のほうが、最後の音が脱落した「ナモ」よりも古い語形であると考えられます。

「ナモシ◇」ではよくわかりませんので、それに近い「ナンシ△」で見てみると、愛知県尾張地方よりも美濃地方に多く見られることがわかります。一方で、尾張

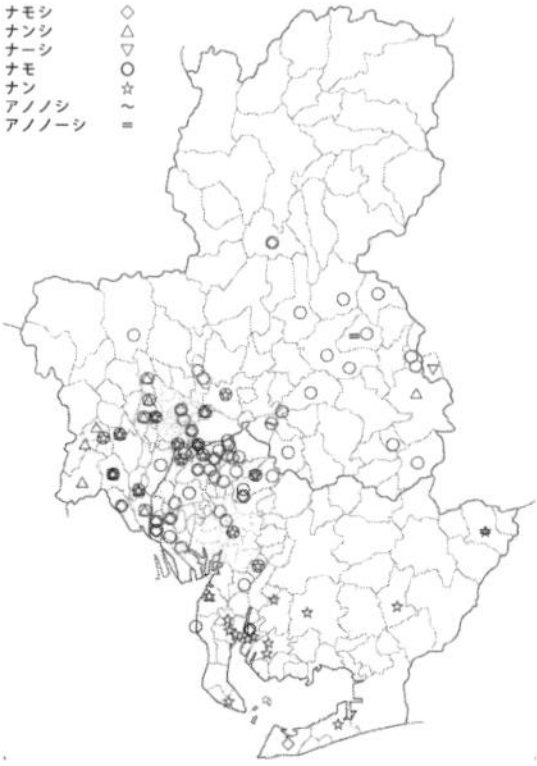

地図9　『岐阜県方言辞典』「ナモ」より

地図10　『岐阜県方言辞典』「〜ヤース」より

地方には、「ナンシ△」はほとんど見られません。語形は、一般に省力化により短くなりますので、より古い形が美濃地方にあるということです。このことは、尾張地方から「ナモ」類が広がったことを示しています。

「ナモシ」は、愛媛県松山市が舞台となった夏目漱石の『坊っちゃん』でも使われており、全国に、岩手、宮城、新潟、長野、和歌山、徳島など広く見られます。決して尾張地方だけで発達した形ではないのですが、この地方においては、尾張から広がったと考えることができます。特に、江戸時代に尾張藩の統治が強く為されたと考えられる美濃和紙の産地である美濃市や、木曽檜の産地である中津川市北部では、この「ナモ」類がよく聞かれます。この「ナモ」が示しているのは、江戸時代からの尾張支配のなごりなのです。

同様に、文末の「〜ヤース」類も、尾張地方から広がった待遇形式と考えられます。この「ヤース」類は、「ナモ」類よりも、さらに狭い範囲に分布しています。岐阜市北部の生まれの私は、地元で使われる「行キンサル」や「オンサル」などの「〜ンサル」類よりも、「行キャース」や「イリャース・オイデヤース」のような「ヤース」類のほうが、都会的だと感じていたことがあるほどです。名古屋発信のことばが、すなわち都会的だというのは、一面的な捉え方に過ぎませんが、この地図から、「〜ヤース」類は、名古屋から広まってきたことが分かる特徴も隠されています。それは何かおわかりでしょうか。

地図6の「トーマメ」と比較するとよくわかりますが、この「〜ヤース」類は、

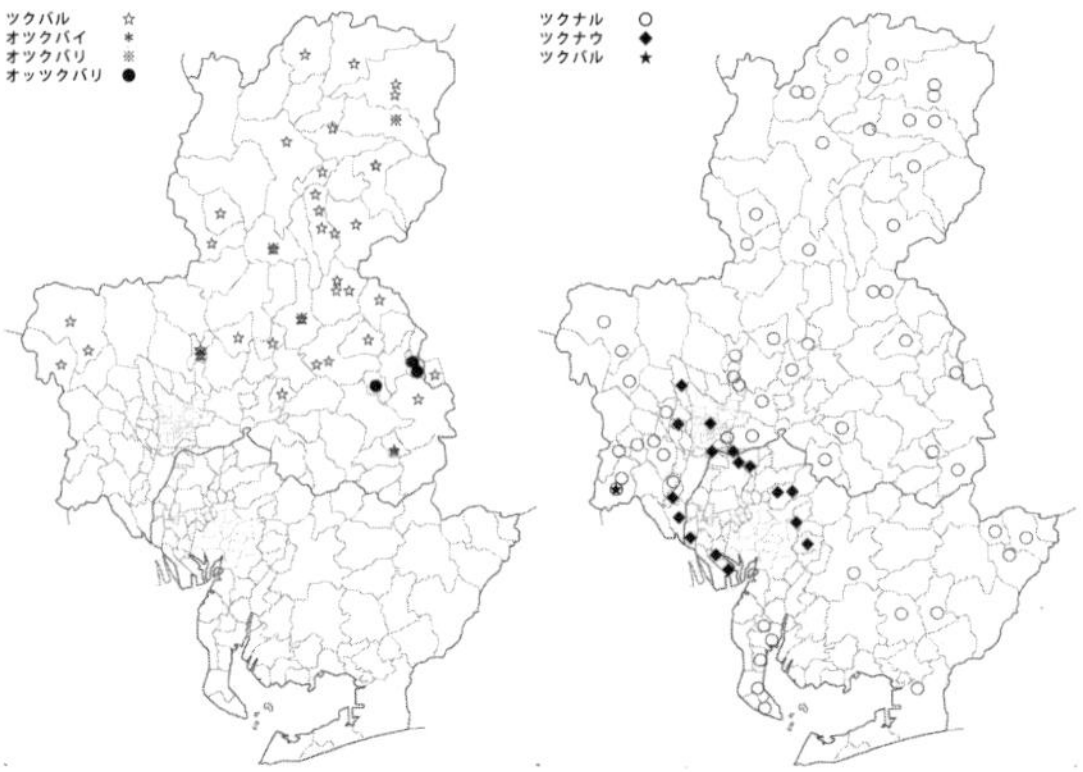

地図11・12『岐阜県方言辞典』「ツクナウ」（右）、「ツクバル」（左）より

西濃地方に空白が見られます。すなわち、西から伝わってきた語形ではないということです。この「～ヤース」類は、実際、京都のことばが飛び火的に名古屋に入り、そこから広まったようです。

敬意というのは、人と人との関係に加えて場面や話題によっても決まるものです。そのため、社会が成熟していくと多様な敬意表現が求められるようになります。この「～ヤース」類は、それほど高い敬意を表すわけではなく、親愛に近い敬意を表す「ヤル」に由来すると考えられます。江戸時代以降に、このような語が広まっていったということは、社会が多様化した結果であり、平和な世の中で活発なコミュニケーションがおこなわれるようになった証であるとも考えられます。

もう一語だけ、おもしろい例を見ておきましょう。それは、「しゃがむ」「うずくまる」という意味の「ツクナウ・ツクバウ」です。上の二枚の地図を見比べてみてください。ちょうど「ツクナウ◆」と「ツクバル」がある地域を避けて「ツクバル☆」が分布しているように見えないでしょうか。

実は、二語は同じ語源として「うずくまる」に由来すると考えられています。室町時代には「つくまる」という語形が見られ、江戸時代に「つくばる」という形が使われています。「しゃがむ」「うずくまる」という意味の「ツクナウ」は、岐阜市周辺から愛知県にかけて帯状に分布し、そのほかは県内広く「ツクナル」という形が見られます。ラ行五段動詞の「つくまる」という語形が古いとすれば、そこから「ツクナル」に、同じ鼻音のmからnへの変化によって移行して広がったと考えることができますが、ワ行五段動詞の「ツクナウ」は、直接の変化では生じない形です。おそらく、江戸時代になってからラ行もワ行も同じ促音便の「〜ッテ」となることから、「ツクナウ」が逆成されたのだと考えられます（「壊す」が、サ行イ音便によって「コワイテ」となり、「コワク」が逆成されたのと同じ過程です）。「ツクナウ」も、西濃地方にないこと、さらには、他県にもまったく確認されないことから、名古屋で独自に生じた変化であると考えられます。

一方の「正座をする」を意味する「ツクバル」は、「つくまる」が、mが同じ調音位置のbへと変化して生じたものでしょう。興味深いのはその分布です。「ツクナウ」と同じような地域に分布しています。同じ語源から生じた二つの語形が、それでも形の違いから別の語と認識されて、別の意味へと変化したものと考えられます。これは、「すさぶ」から派生した「すさむ」が、「程度が激しくなる」さまから、「衰える」という意味を経て「荒れる」という意味へと変化していったことと軌を一にします。音が違えばすでに別語。別の意味を担うというわけです。このような変化も、方言の中で見てみると愉しく感じられます。

しかし、この「ナモ」や「〜ヤース」、「ツクナウ」のように、明らかに名古屋から広がったことばというのは、実は少数派です。ほかには、「自転車」の意味の「ケッタ」など、新しいことばが多く、方言全体における比率はそれほど高くありません。おそらく、岐阜県に存在する俚言（方言独自の語）の一割にも満たないと推測します。歴史的に方言の伝播の上では、やはり「濃尾」の関係なのです。

ちなみに、「ケッタ」のような新しい方言を採録している方言集は多くなく、今回、地図は描けていません。ただ、今後、新しい方言などは、名古屋から広がっていく語が多くなっていくことが予想されます。

地域独自に生まれたことば

方言地図を見ていると、ほかにはまったく見られない、岐阜県だけの語も散見されます。

飛騨地方だけに分布する語は、かなりの数が見られます。代表的なものを取り上げます。

まず、「はがゆい」などの意味が当てられる「ハンチクタイ・ハンシクタイ」です。語源ははっきりしませんが、おそらく「半尺」と関係のある「ハンチク」とは「中途半端」を表すことばで、そこから十分に思いが遂げられずはがゆいさまを表すようになったと考えられます。この語は、飛騨以外の県外では、どこにも確認されないことばです。

では、どうしてこのような語が飛騨に生じ使われているのでしょうか。実は、このように地域限定のことばの発生理由を明確に述べることはたやすいことではありません。なぜならば、何の資料もないからです。共通語であれば、さまざまな語について、文献も一定程度あり、その語誌が研究されているものですが、方言に関しては、どうにもわからないと言うしかないものも多くあります。飛騨の「ハ

地図13『岐阜県方言辞典』「ハンチクタイ」より

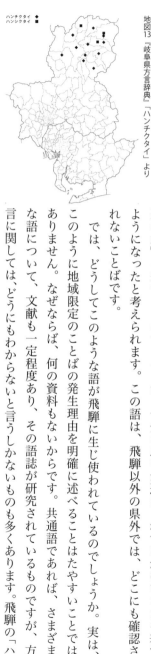

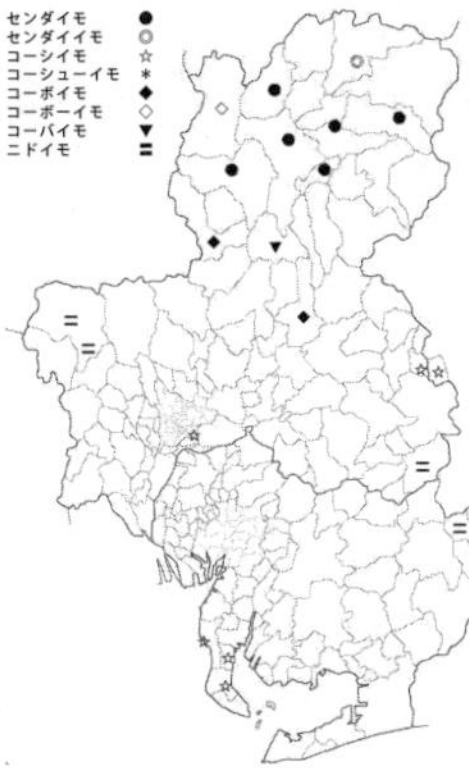

地図14『岐阜県方言辞典』「センダイモ」より

地図15『岐阜県方言辞典』「クモジ」より

ンチクタイ・ハンシクタイ」は、語源がある程度わかりますから、おそらく、「ハンチク」ということばから、飛騨人が独特の感情を表すのに、創意工夫をして生じたものと推察されます。

飛騨独自の語源説が見られるものもあります。「じゃがいも」を指す飛騨方言の「センダイモ」は、飛騨の代官、幸田善太夫が広めたと飛騨では思われていますが、「じゃがいも」がインドネシアの「ジャカルタ」を語源とすることからもわかるように、外来種です。それが、どうやって飛騨に入ったかが問題です。実は、この地域にも見られる「コーシイモ」がヒントとなります。「コーシ」は、中国の孔子ではありません。「甲州」、すなわち山梨県を指します。調べてみると、やはり甲斐国の代官であった中井清太夫という人がジャガイモを普及したことが史実としてありました。それだけでなく、「セーダユー」や「セーダイモ」などが、東京や神奈川から新潟、長野まで広く分布しています。その中心は山梨です。

また、語頭の音が「ゼ」と濁る語形は、飛騨でも今回の資料に確認できませんでした。つまり、飛騨の「ゼンダユーイモ」が清音の「セ〜」となり、各地に広がっていったという考えは、地元びいきの考え方にすぎないということです。地元にそのような徳のあった人がいたと思いたい気持ちはわかりますが、やはりより正しい解釈を知っておくことも重要でしょう。

飛騨独自の食べ物を表すことばは、当然、飛騨地方にのみ見られます。「クモジ」とは、「杓子」から「しゃもじ」、「ひだるい」から「ひもじい」となったように、「文字」

ということばの入った女房詞《ことば》です。もともと宮中に仕えた女房達の遊びから始まったこのようなことばは、やはり京都由来ですが、飛騨で特につかわれているのが、「クモジ」という「茎菜漬け」を表す方言です。やはり飛騨の特産品との印象も強く、飛騨方言として通用しています。最初に述べた「変わりにくいことば」は、その地方に特有の産物を指したり、その地方の気候を表したりすることばです。

さて、「クモジ」の伝播経路は、確かめてみると北陸にちゃんとありました。飛騨地方へのことばの流入は、美濃からの他に北陸からの経路もあります。

このような美濃地方と異なる飛騨のことばは、今回地図を描いた七〇〇形式のうち約一〇〇形式と、多くあります。それでも、岐阜県内で飛騨と美濃のことばがまったく違うということはありません。やはり、ことばの点で、美濃と飛騨は似ているのです。

美濃地方でも、地域限定のことばを見つけるのはあまり容易でありません。特定の地域にのみ存在する語は、そもそも記述が少なく、どこかの商店の通称であったり集落の地名であったりするなど、その町村のことばとして、記述が非常に限られていることが多く見られます。私の住んでいる地域で「秋葉神社」のことを「アキヤサマ」と言い、自分の住んでいる町内の「組」を「ジョード」と言いますが、この言い方が市町村史に載ることはありません。また、昔、よく駄菓子を買った「ゴヘサ」のような商店名も、私の記憶に残るだけです。こういうことばを「方言」と呼べるかは問題があります。ただ、ことばはすべて個人のことば (idiolect) で、

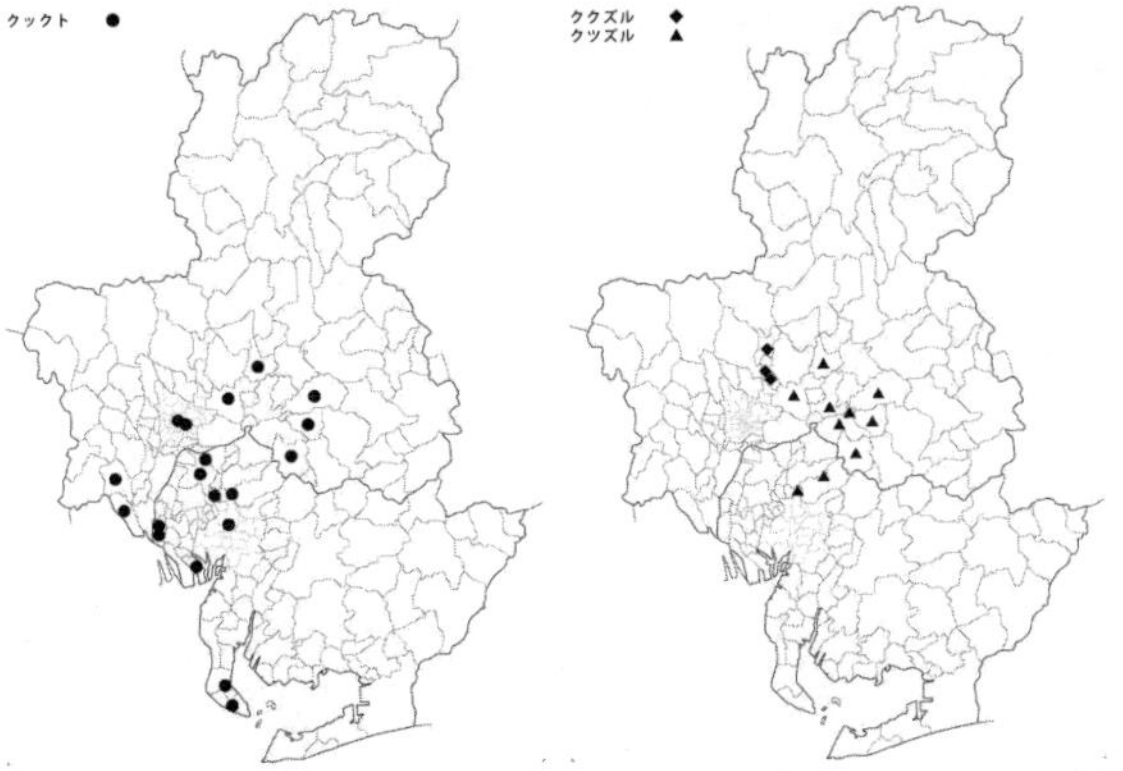

地図16・17 『岐阜県方言辞典』「ククズル」（右）、「クックト」（左）より

その地域的偏在を方言と呼ぶのであれば、非常に狭い範囲の方言であることは間違いがありません。記録に留められることがまずない、このようなレベルの方言から、西日本全体で共有する持続の「〜トル」や否定の「〜ン」まで、方言と呼べるものには、多様なものがあるのです。

さて、中濃地域だけに分布することばとしては、「熱中する」を意味する「ククズル」、「片手桶」を表す「テグリ・テングリ」など、いくつかのみが知るところとなっています。「ククズル」の例を上に挙げます。関市から加茂郡、そして多治見を経て愛知県内にも少し見られますが、非常に狭い範囲です。他県にも、愛知県を除けば見られません。なぜこの地域に固まっているのかは、まったく不明です。ただ、「熱心になにかをするさま」を表す「クックト」は、近い地域に見られます。確証はありませんが、意味の近さから、「孜々《くく》と」に由来する「クックト」が、動詞化したものが「ククスル」で、それが濁音化して「ククズル」となったのではないかと考えています。

中濃から東濃北部にかけて見られるのが、「しかたがない」の意味の「カンカナイ」や「多大な」の意味の「ガマ（ナ）」などです。「カンカナイ」だけを見てみると、一部、下呂市南部にも確認されますが、東濃地方にきれいに分布が限られています。ただし、「カンカ」は、「勘考」、すなわち「考えること」を意味することばで、「カンコースル」は、美濃地方から愛知県、さらには、長野、静岡、山梨、三重まで、方言として使われています。耳慣れないやや古風なことばですが、実は、共通語

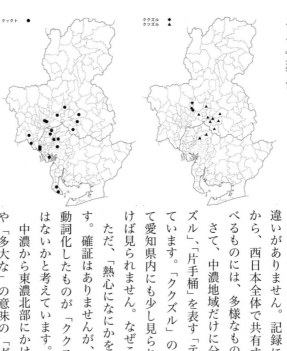

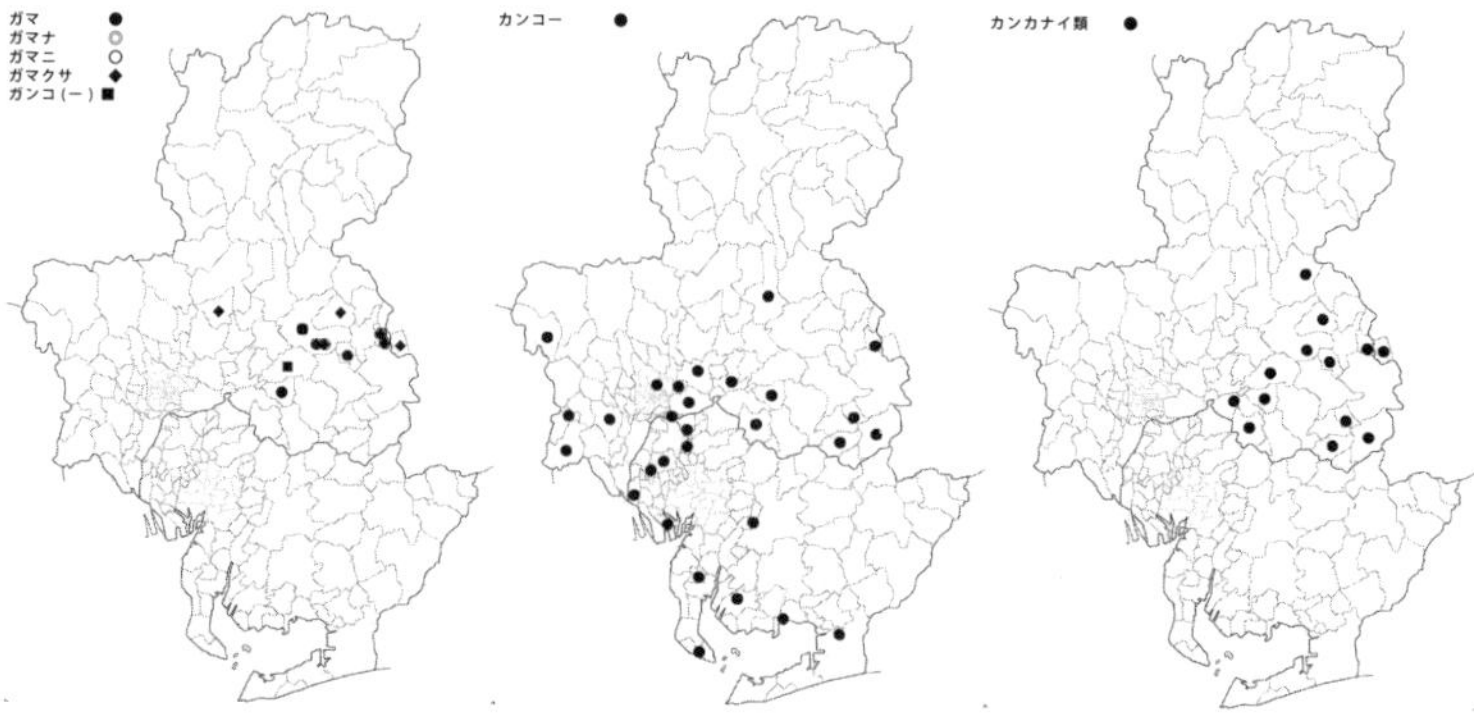

地図18・19・20 『岐阜県方言辞典』「カンカナイ」(右)、「カンコースル」(中)、「ガマ」(左)より

としても辞典に載ることばで、『明鏡国語辞典』のような卓上版の辞書にも「じっくりと考えること」と記述が見られます。

同じことばがあっても、同じ意味でなければ、共通語とは言えません。当地の「カンコースル」は、単に考えることではなく「工夫する」の意味へと変化したもの。そして、その「カンコースル」があってこそ、知恵を出して工夫することもできない様を表す「カンカナイ」へと繋がっていくのです。

方言は、その周りに類語が存在し、その中から、その地に合ったことば、あるいは、必要なことばが発達していくものです。東濃で何かを諦めるときに、なぜ「カンカナイ」と言ったのか、なぜ「しょうがない」でなかったのか。まだまだわからないことはたくさんあります。その土地の方に教えてもらえることが、最良のことなのです。

岐阜市近辺や西濃地方でだけ使われることばを探すのは、さらに困難です。岐阜市あたりのことばは、比較的容易に中濃地域に広がりますし、大垣からは美濃路を通って尾張地方に伝わりやすい性質があるからです。方言が広がる理由は、隣接する地域が商業的・文化的に栄えていて、その土地にあやかりたいと思う気持ちです。岐阜市や大垣市は、昔からそのようなことばの中継基地になりやすかったのでしょう。そこでことばが留まるということが少ないのです。

たとえば、「大嫌い」の意味の「キッツクライ●」や「キッキライ■」は、岐阜

地図21 『岐阜県方言辞典』「キッツクライ」より

市周辺に見られます。西濃南部や愛知県では「キッツキライ◆」が優勢です。語源に近いのは、後者で、やはり関西方言の「キッツーキライ」が一語化したものと考えられます。やはり、美濃地方で生まれたことばと考えられます。

森羅万象を表すことばの中で、どのことばだけが特に多いということを軽々に述べることはできません。ただ、このような人を蔑《さげす》むことばが、岐阜発祥であることは残念なことです。一方で、こういう悪いことばも知っていてことばで発散できれば暴力を防げるという考え方もあります。隣国と諍《いさか》いをおこさない知恵であるのかもしれません。いずれにしても、使わないですむ世の中になるといいですね。

おわりに

方言は、地図にするとさまざまなことが見えてきます。たしかに、地図には、データの精粗や表現の巧拙があり、万能ではありません。本考察で挙げた地図も例外ではありませんし、百年の時差を同じ一枚の地図に表すなどということに批判もあるでしょう。

しかし、できあがった地図に口さがなく文句を付けているばかりでは、何も進みません。それに、百年では意外と変わらないことばもあります。一地点一地点の重みを知りながら、さらによい地図が描かれ、また、それによってことばの伝播や変化をより正しく知っていくこと。そして、それが岐阜県民が岐阜を愛するきっかけになれば、方言研究は、単に研究のための研究に終わらず、人の幸せに繋がる学問になっていきます。そのことを期待します。

追記

二〇一七年夏に岐阜県図書館でお話しした「方言地図から見る岐阜県方言」と題した講演をもとに、本稿を書き始めましたが、著作権の関係で見せられない地図もあり、趣旨はそのままにほとんどあらたに書き換えることになりました。本稿は、タイトルはそのままに、内容を大きく変更いたしました。

第4回　魚類学入門——世界の魚・岐阜の魚

古屋　康則

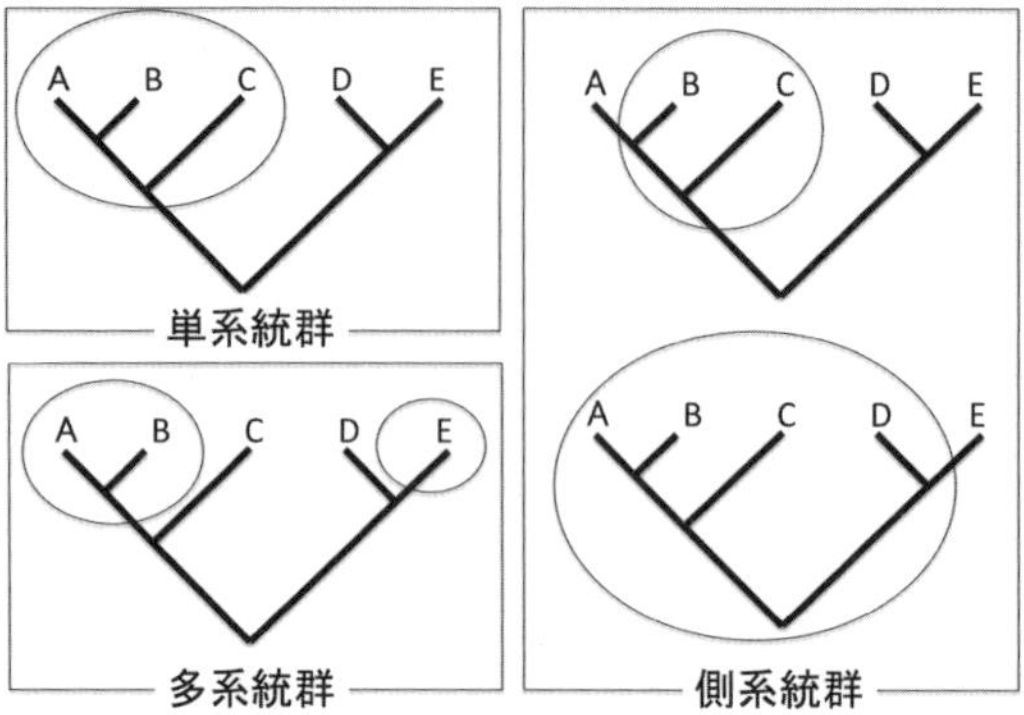

図1　系統関係と分類群。A～Eはそれぞれ生物の種を示す。「単系統群」、「多系統群」、「側系統群」はそれぞれ、丸で囲んだ種を一つの分群とみなした場合の名称。

岐阜県には海はありませんが、多くの河川が毛細血管のように張り巡らされています。北部の山間部には数多くの谷川や渓谷があり、南部の平野部には大河川とその周辺の灌漑水路があります。これらの水環境には多種多様な魚が棲んでおり、私たち人間の生活にも深く関わって来た種類もいます。この回では、岐阜県に生息する魚の種類や特徴的な生態について、生物学的な立場から説明し、みなさんに理解を深めていただきたいと思いますが、岐阜県に生息する魚類の話をする前に、魚類とはいったいどのような生き物で、世界にはどのような種類がいるのか、またどのようにグループ分けされているのか、という話からしていきたいと思います。

魚類とは

魚類とよばれる生物は現在世界に2万5千種とも3万種とも言われるくらい生息しています。この数は魚類を含む脊椎動物全体のおよそ半分に相当するもので、脊椎動物の半分は魚類であると言えます。では魚類とはどのような動物をさすの

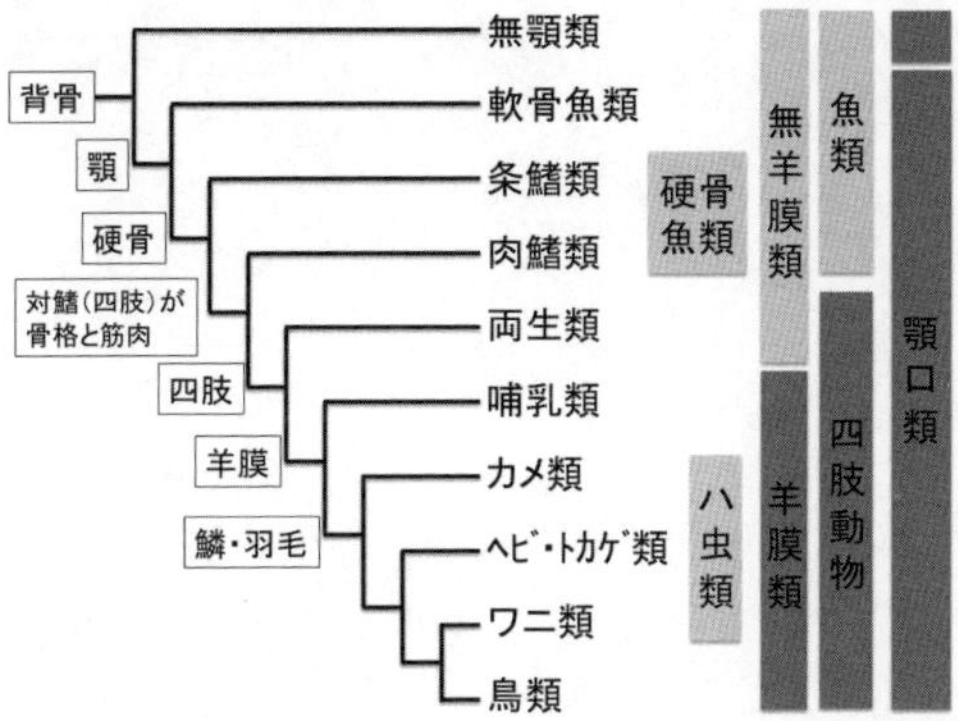

図2　脊椎動物の系統関係。右側の濃いグレーの背景で示したグループは単系統群、薄いグレーの背景で示したグループは側系統群である。

でしょうか。まずは脊椎動物の中での魚類というグループについて考えてみましょう。

生き物をグループ分けし、ある生き物がどのグループに属するのかをまとめる学問分野として系統学があります（**図1**）。系統学では生物のグループ分けに関して、生物の進化による系統の歴史を反映させることが重視されます。すなわち、同じ祖先をもつすべての種を含むグループが意味のあるグループと言えます。このようなグループを単系統群とよび、生物の進化の歴史を反映させたものとなっています。一方、同じ祖先をもつ種の構成要素から一部の子孫を取り除かれたグループは側系統群、共通の祖先が別の分類群に位置付けられるグループを多系統群とよび、これらは生物の進化の歴史を反映しない人為的なグループ分けであると言えます。単系統群だけが意味のあるグループ分けであることに注意して、脊椎動物の最新の系統樹を見ると、我々が普段単一のグループのように感じている分類群が実は側系統群である場合も多いことがわかります（**図2**）。例えば、爬虫類は鳥類も含めてはじめて単系統群となります。こうしてみると、我々が魚類とよんでいる生き物は、無顎《むがく》類・軟骨魚類・条鰭《じょうき》類・肉鰭《にくき》類という4つのグループからなる側系統群であり、これを「魚類」という単系統群として扱おうと思うと、脊椎動物すべてを含めなければならなくなります。つまりは、脊椎動物＝魚類となってしまいます。これでは我々が頭の中で魚類として認識しているグループにはならないでしょう。そこで、以下で扱う魚類には上記の独立した4つのグループが含まれていることを認識していただいた上で、それぞれのグループについて、さらに詳細なグループ分けをして説明して行きます。

現生の魚類を4つのグループに分けて、それらの種類数をみると、無顎類は85種、軟骨魚類は851種、条鰭類は2万3、736種、肉鰭類はわずか8種となり(矢部、2006)、魚類のほぼ96%は条鰭類に属することがわかります。我々が日常目にする魚はほぼ条鰭類であり、岐阜県に棲む魚もほぼすべて(後述する2種を除いて)が条鰭類です。

魚類の大系統と各分類群の特徴

魚類の系統を明らかにすることはすなわち脊椎動物の約半分の系統を明らかにすることとほぼ等しいことになります。系統を明らかにする作業は、古くは形態の比較によって行われてきましたが、近年は遺伝子の分子情報を用いた研究が主流となってきています。分子情報の比較は形態の比較に比べてより客観的であるという利点があります。用いる分子情報の量が多くなればなるほど客観性は増します。2016年に出版された「魚類の大系統」という書籍では、ミトコンドリアDNAの全塩基配列情報に基づく系統解析の結果がまとめられています(宮、2016)。この結果を基に、以下ではおもに分類階級の目のレベルでの系統関係をみて行きます。

宮(2016)の系統樹(**図3**)によると、脊椎動物は無顎類(4科)、軟骨魚類(14目)、

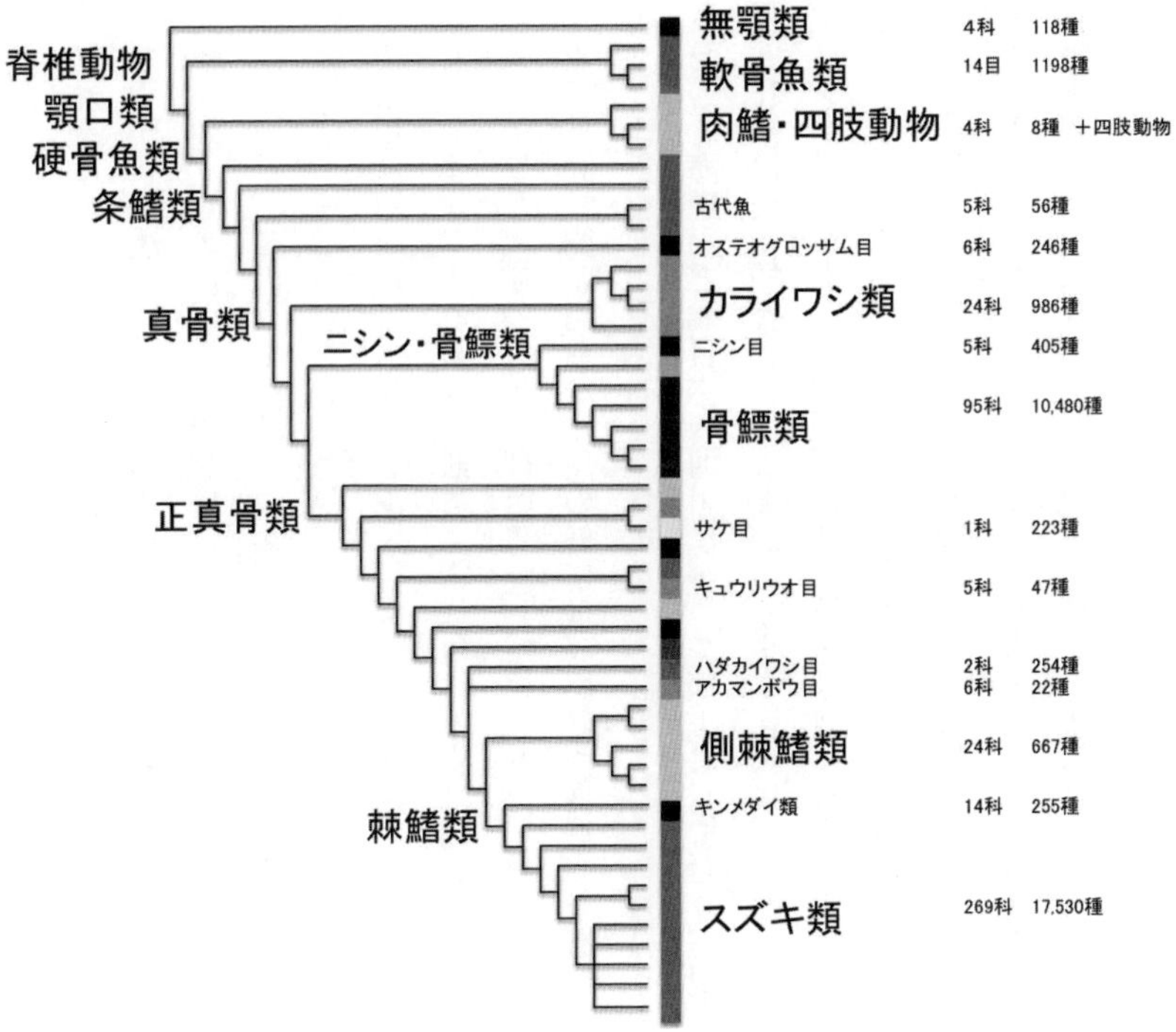

図3　分子情報に基づいた魚類（脊椎動物）の系統樹。宮（2016）を改変。

肉鰭類（2目と四肢動物）、および条鰭類の順に分岐しています。無顎類にはヌタウナギやヤツメウナギの仲間がはいります。これらは「ウナギ」という名前がつきますが、蒲焼きにして食べるウナギとは全く別の生き物です。軟骨魚類にはギンザメ類、サメ類、エイ類がはいります。肉鰭類にはシーラカンス類とハイギョ類がはいり、このうちハイギョ類が我々ヒトを含む四肢動物と姉妹群をつくっています。

条鰭類は初期にはポリプテルス目、チョウザメ目、ガー目とアミア目の順に分岐しています。これらは一般に「古代魚」とよばれるグループです。いずれも淡水（チョウザメ類の一部は海へ下る）に生息し、卵は不透明で、受精卵は全割し、幼魚は外鰓《がいさい》（鰓が鰓蓋から体の外に飛び出した構造）をもつといった、両生類のような性質をもつ原始的な硬骨魚類の一群です。これらのうちチョウザメ類は日本でも北海道など北日本の河川にかつては生息しており、現在でも大陸由来の個体が日本沿岸で捕獲されることがあります。次に、オステオグロッサム目、カライワシ類、ニシン・骨鰾《こつぴょう》類、正真骨類が分岐します。オステオグロッサム目には巨大魚のアロワナ類などがはいります。カライワシ類には4つの目が含まれ、カライワシ目やウナギ目がこの仲間にはいります。ウナギ目には蒲焼きにして食べるウナギの仲間やアナゴ類、ウツボ類などがおり、ウナギ類やアナゴ類では卵から孵化した仔魚はレプトセファルス幼生とよばれる柳の葉のような側扁した体形をしており、やがて変態して細長い体になるという特徴をもちます。ニシン・骨鰾類はその名の通りニシン目（コノシロ・カタクチイワシ・マイワシなど）と骨鰾類からなります。骨鰾類はコイ目やカラシン目、ナマズ目など6目からなるグループです。コイ目はユーラシア・北米・アフリカの淡水域に、カラシン目は北米・南米・アフリカの淡水域に、ナマズ目は全大陸の淡水域から沿岸域に生息し、いずれも魚類の中では非常に大きなグループであり、世界中の淡水域で最も繁栄しているグループと言えます。

正真骨類は27目(類)に細分され、比較的身近な魚類を含む目を挙げると、サケ目、キュウリウオ目、ハダカイワシ目、アカマンボウ目など11目が順に分岐し、最後に側棘鰭類《そくきょくき》と棘鰭類の姉妹群が分岐します。サケ目（イワナ・アマゴなど）とキュウリウオ目（ワカサギ・アユなど）は共に脂鰭《あぶらびれ》をもち、北半球の淡水域から沿岸域に生息し、以前は比較的近縁とされていましたが、最新の系統樹ではまったく異なる系統に分けられました。ハダカイワシ目は深海性の仲間で、発光器をもち、資源量が多いことから深海域の重要な餌資源となっています。アカマンボウ目には側扁し、側面から見ると丸い体形のアカマンボウのほか、体長が数メートルに達する細長い体形をしたリュウグウノツカイという稀種がはいります。

側棘鰭類はマトウダイ目やタラ目など5目からなるグループです。マトウダイ目にはその名の通り、側扁した体の側面中央に「的」のようなスポットがあるマトウダイがいます。タラ目（スケトウダラ・マダラなど）は冷水域の沿岸から外洋にまで生息し、3基の背鰭と2基の臀鰭《しりびれ》をもつのが特徴です。

棘鰭類はキンメダイ類、ハゼ目、ヨウジウオ目、オヴァレンタリア、スズキ目など11目（類）からなります。キンメダイ類には深海性の種が多く、食用にされるキンメダイのほか、大きな鱗が松ぼっくりのように体を覆うマツカサウオなどがはいります。ハゼ目は以前はスズキ目の中の1グループでしたが、今回は1つの目にまとめられました。底生性で深海から淡水まで幅広い環境に適応し、腹鰭が吸盤状に変化しているという特徴をもちます。身近なところではヌマチチブ、ヨシノボリ類、トビハゼ、ウキゴリ、ドンコなどがこの仲間にはいります。ヨウジウオ目（ヨウジウオ類・タツノオトシゴ類・サヨリ類など）は淡水から汽水・海水に生息し、繁殖方法が多様なことで知られています。中でもヨウジウオ類やタツノオトシゴ類では雌が雄の育児嚢《のう》に産卵し、雄が育児嚢の中の卵を孵化《ふか》するまで保護し、やがて育児嚢から稚魚が出てくるという、一見雄が妊娠するかのような繁殖生態を示します。また、卵生のものではメダカ類や、サンマ、トビウオのように卵の表面に纏絡糸《てんらくし》をもち、海藻や水草に卵を絡めるという特徴をもつものが見られます。オヴァレンタリアは新たに設けられた分類群で、旧カダヤシ目などが含まれます。旧カダヤシ目は小型の淡水魚で、グッピーやカダヤシなどの胎生魚を多く含みます。

棘鰭類の中でもスズキ目は149科6、593種を含み、魚類全体でも最大の目です。この中には以前は独立した目として分類されていたものも数多く含まれています。旧トゲウオ目（イトヨ・トミヨなど）は淡水から沿岸に生息する小型の魚類で、背鰭と腹鰭が棘状に変化し、雄が産卵のための巣を作ることが知られています。旧アンコウ目は深海性のグループで大きな口をもち、中には誘引突起とよばれる突起を頭につけて、口の近くに餌をおびき寄せるチョウチンアンコウ類のようなものもいます。また、ある種では雄が雌の体表に噛み付いた状態で雌の体と癒合し、寄生生活を送るものもいます。旧カレイ目は眼が体側の片側に移動し、体の左右で体色も大きく異なり、常に横臥した状態でいる左右非対称性が特徴です。一般には眼が右体側に偏っているものがカレイ、左体側に偏っているものがヒラメとよばれます。カレイ目は生まれつきこのような左右非対称性をもっているわけではありません。生まれてからしばらくは通常の魚類のように左右対称ですが、孵化後数十日程度で眼の移動や横臥《おうが》を特徴とする「変態」が起きることで、成魚のような体と泳ぎをするようになります。旧フグ目は鰭や内部骨格を退化させたグループで、カワハギ類、フグ類、マンボウ類などからなり、おもに海に生息します。体内に毒をもっていたり、ハリセンボンのように体表に多くの棘をもつことで外敵から体を防御しています。以上の他にもスズキ目にはカジカ類、スズキ類、ゲンゲ類、ギンポ類、カサゴ類など多様な魚種が含まれます。

生態による分類・生息域による分類

我々が日常に魚類を分類する際には、進化の歴史を反映した系統以外に、生態情報を用いることも多くあります。例えば、最も単純に、生息域が淡水か海水か

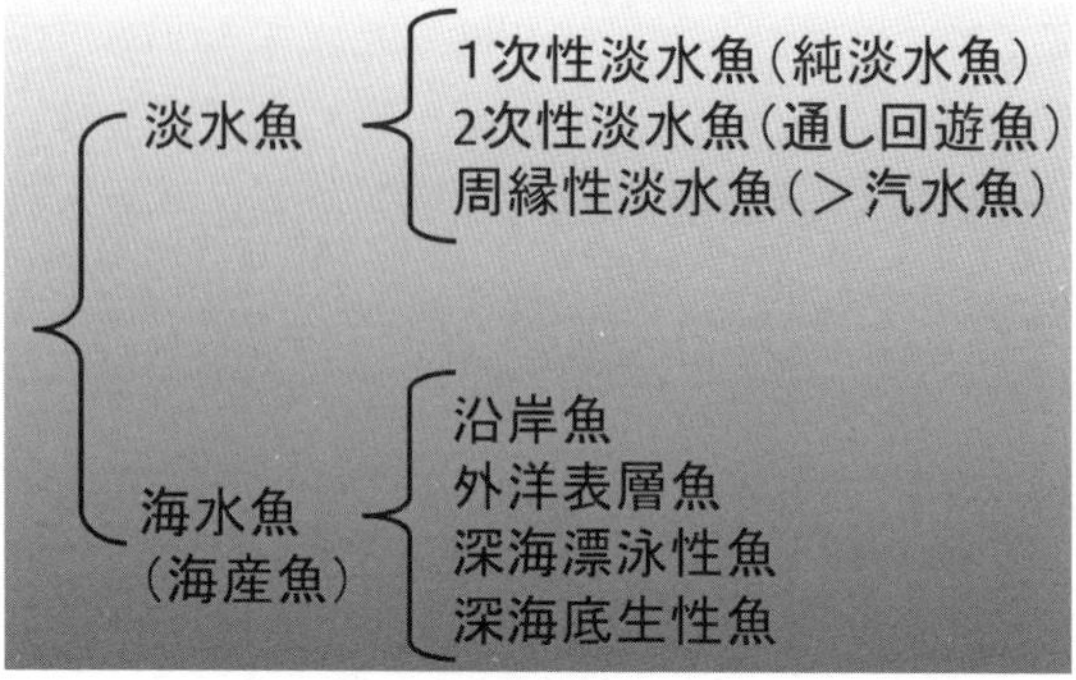

図4　淡水魚と海水魚の生態的分類

によって「淡水魚」と「海水魚（海産魚）」に2分することがあります。では、「淡水魚」と言った場合、どのような魚類がそこに含まれるかを考えると、単純に「淡水に生息する魚」と言えないものもいます。ある河川の淡水域で捕まえた魚についてその生活史をみると、一生を淡水域で過ごすものから、一生のある時期のみを淡水域で過ごすものも少なくありません。このような観点から淡水魚をさらに分類すると、一生を淡水域で過ごす「1次性淡水魚」、一生の間に海と淡水域を行き来する「2次性淡水魚」、通常は海水や汽水域で過ごすことが多いが淡水域にも時々進出する「周縁性淡水魚」に分けられます（**図4**）。1次性淡水魚は「純淡水魚」ともよばれ、2次性淡水魚は「通し回遊魚」ともよばれます。また、周縁性淡水魚には「汽水魚」とよばれる魚も含まれます。同様に海水魚をおもな生息域によって分類すると、沿岸近くの浅海に生息する「沿岸魚」、沿岸からやや離れた外洋の主に表層を遊泳する「外洋表層魚」、外洋の中深層を遊泳する「深海漂泳性魚」、深海の底に生息する「深海底生性魚」などに分類できます。

一生の間に決まった水域を行き来する魚を回遊魚とよびます。回遊のしかたにもいくつかのパターンがあり、河川内を上流から下流まで回遊するもの、海洋を広く回遊するものなどの他に、前述のように河川と海とを行き来する「通し回遊」を行うものもいます。魚類の生息環境として海をもたない岐阜県では、魚類相を豊かにする一因として通し回遊魚の存在は大きいものと言えます。通し回遊は、産卵・孵化が起きる場所と成長する場所の違いに基づいて以下の4つのパターン

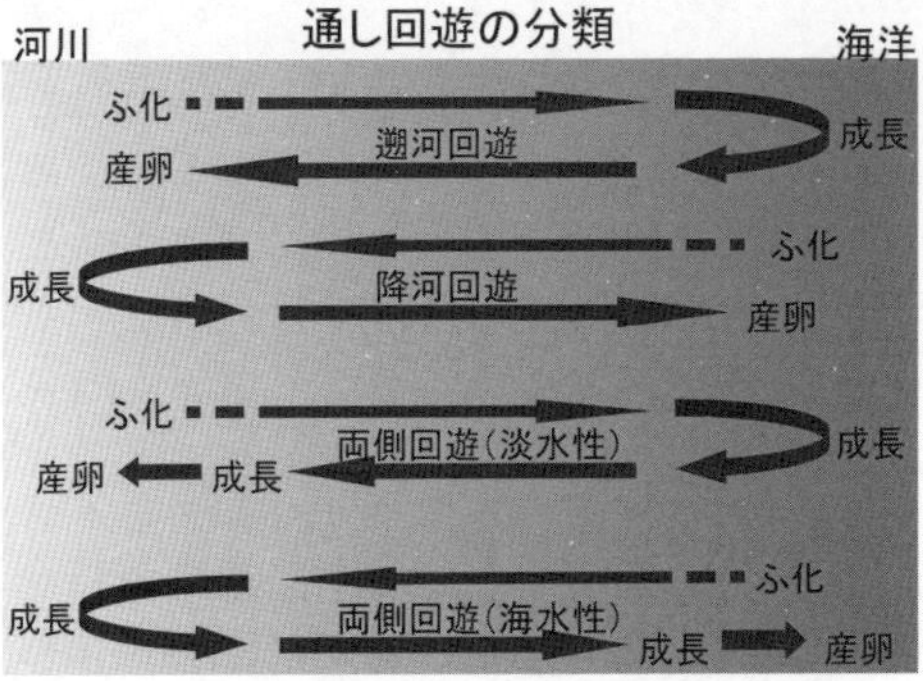

図5　通し回遊の分類

に分けられます（図5）。淡水で産卵・孵化した稚魚が河川を下り、海で成長して、産卵のために河川を遡上するものを遡河回遊とよび、サケ科の魚（岐阜ではサツキマス）がその代表です。海で産卵・孵化し、河川に遡上して成長し、産卵のために海へ降るものを降海回遊とよび、ウナギ類が代表的です。岐阜ではニホンウナギのほかにカジカ科のアユカケが降河回遊を行います。淡水で産卵・孵化し、仔稚魚が海へ下って成長し、その後河川に遡上してさらに成長するものを淡水性両側回遊と呼び、アユやカジカ（小卵型）、回遊性のハゼ科魚類などが代表的なものと言えます。岐阜には淡水性両側回遊魚が多く生息しています。海で産卵・孵化し、河川に遡上《そじょう》して成長した後、海へ下ってさらに成長するものを海水性両側回遊と呼びます。このパターンに該当する種としてボラやスズキが挙げられますが、これらの種のすべての個体が回遊をするわけではありません。

地域の生態系の維持や環境保全を考える際には、ある種がもともとそこに分布していたものか、人為的に移入されたものかという観点で生物を分ける場合があります。本来の自然分布域に生息している種を「在来種」とよび、元の生息地とは別の場所へ人為的にもち運ばれた種を「外来種」とよんで区別しています。外来種には、日本国外からもちこまれたものだけでなく、国内であっても本来の分布域から異なる場所にもちこまれたものも含まれます。さらには、種としては「在来種」であっても、人為的に他所の地域から持ち運ばれた、遺伝的に外来のものもおり、これらは外来種ではありませんが、生態系の維持や環境保全を考える上で無視できない存在です。

岐阜県の魚類とその生態

２０１７年に出版された「岐阜県の魚類」（向井、２０１７）には、岐阜県で捕獲・採集された魚類として１１０種が登録されています。海のない県にも関わらず、１１０種もの「淡水魚」が登録された背景としては、在来の純淡水魚や通し回遊魚に混ざって、カサゴやキュウセンなど一見海水魚の範疇にいれられそうな周縁性淡水魚や、外来種も相当数含まれているからです。在来種は75種が登録され、これらについて系統ごとに分けてみると、無顎類の2種（スナヤツメ北方種とスナヤツメ南方種）以外はすべて条鰭類です。条鰭類としてはウナギ目、コイ目、ナマズ目、サケ目、キュウリウオ目、ハゼ目、ヨウジウオ目、スズキ目がみられます。生息生態で分けると、純淡水魚は47種、通し回遊魚は14種で、残りの14種は周縁性淡水魚です。岐阜県に75種もの在来種が生息する背景として、岐阜県が日本列島のほぼ中央に位置し、日本列島に分布を広げてきた北方系の大陸由来の2次性淡水魚（サケ類、トゲウオ類、カジカ類など）と南方系の大陸由来の1次性淡水魚（コイ目、ナマズ目など）の双方が岐阜まで分布を広げたことのほか、広塩性魚（メダカなど）も海岸伝いに分布・侵入し、さらには海洋由来の2次性淡水魚（ハゼ目）や周縁性淡水魚など海から河川へ侵入・定着した魚種も分布していることによると考えられます。

岐阜県内の魚類分布の特徴としては、太平洋側の河川に生息するものと日本海側の河川に生息するものに大別できます。太平洋側は平野部が広がり、海抜が低く、気候は比較的温暖です。このため、南方由来の淡水魚や海洋由来の淡水魚が多く、全体として種類数も多くなっています。後述するサケ科魚のアマゴ（サツキマス）は太平洋側にのみ自然分布する種です。また、ニホンウナギも黒潮にのって日本近海にたどり着き、その後河川に遡上するため、岐阜県では太平洋側にのみ自然分布する種です。一方、日本海側は岐阜県内では河川の中上流域に限られ、気候は冷涼なため、冷水を好む北方由来の淡水魚が多く、海洋由来の淡水魚はほとんどいません。このため、全体として魚種数は少なくなっています。太平洋側のアマゴ（サツキマス）に対して、日本海側にはヤマメ（サクラマス）が自然分布しています。

以下では、岐阜県に生息する魚種の中から生活史や繁殖生態が特徴的なものについて紹介して行きます。

岐阜県に生息する遡河回遊魚の代表はアマゴ（サツキマス）です。アマゴは太平洋側の河川に生息し、通常は河川の上流部、いわゆる渓流に生息する魚です。産卵は10月から11月に河川の最上流部で行われます。雌が川床に窪み（産卵床）を掘り、そこに雌雄同時に放卵・放精し受精が完了します。生み出された卵は大型で、川底の窪みの石の隙間などにはいり込み、雌が産卵床を石で埋めることで河床に埋没します。その後、卵は発生し続け、冬の間に孵化が起きます。孵化した仔魚は腹部に大きな卵黄嚢をもち、これを石の隙間にいる間にゆっくりと吸収し、春には卵黄嚢を吸収し終えて、流れの中に泳ぎ出てきます。その後、水生昆虫などを食べて成長し、初冬になるとそのまま河川で生活するもの（陸封・河川残留型）と海へ向かって川を降るもの（銀化・降海型）に分かれます。この2つの生活型への分岐にはその時点までの成長が関わっていると考えられています。すなわち、成長の良い個体は河川に残留し、成長の悪い個体が海へと降りるということです。河川に残留するものはその後2、3年を河川で過ごし、体長25〜30センチ程度にまで成長して成熟し、秋には繁殖に加わります。一方、海へ降ったものは冬の間に急成長し、5月頃に再び生まれた河川へと遡上します。ちょうどサツキの花の咲く頃と一致することからこの遡上個体をサツキマスとよぶようになったということです。河川へ遡上したサツキマスはその後、繁殖が始まるまでの数ヶ月間、中流から上流の淵などで過ごし、秋までに成熟して繁殖に加わります。繁殖は河川残留型と降海型の両者がいり乱れて行われます。体の大きなサツキマスの雌雄がペアになっても、いざ放卵・放精の瞬間になると、体の小さい河川残留型の雄が突入して放精し、少しでも自分の子孫を残そうとする行動（スニーキング）がみられます。

降河回遊の代表はニホンウナギです。ウナギ類は謎の多い魚で、特に繁殖の時期や場所については長い間不明でした。しかし、長年にわたる調査の結果、ニホンウナギの産卵時期と場所が特定されるに至り、生活史の大部分が解明されつつあります。ニホンウナギの産卵は、夏の新月の日の前にグアム島の西側の西マリアナ海域で行われます。西マリアナ海域を南北に走る海山列と、東西方向に走る塩分フロント（高塩分と低塩分の海水の境目）との交点の西側・低塩分側でニホンウナギの受精卵が採集されています。生み出された卵は短時間で孵化し、レプトケファルス幼生とよばれる仔魚となります。レプトケファルスは黒潮にのって北上し、中国・朝鮮半島・日本の太平洋側へと流れ着きます。その間に細長いウナギ型の稚魚（シラスウナギ）へと変態し、河川へと遡上します。河川で5～10年過ごすと、秋から冬にかけて河川を降り（銀化ウナギ）、海へと戻ります。その後の経路は不明ですが、約半年後には成熟した状態で産卵場所へとたどり着くようです。産卵行動についてはもちろん未だ不明です。

アユは岐阜県を代表する魚ですが、両側回遊型の代表でもあります。すなわち、海のない岐阜県においても、県を代表する魚は生活史の一部で必ず海を必要としているのです。アユの産卵は10月から11月に河川の中・下流で行われます。2週間から10日程度で孵化した仔魚は直ちに川を降ります。「降りる」とは言っても、遊泳力がまだ備わっていない仔魚にとっては受動的に「流される」といったほうが良いかもしれません。以前に揖斐川で調査した結果では、孵化後4日程度で餌となるプランクトンが豊富に存在する汽水域に到達するようです。その後、沿岸域へと達した仔魚は冬の間にプランクトンなどを食べて成長し、5センチ程度の稚魚となって、春、4～5月には河川を遡上します。河川ではアユは大きな石の

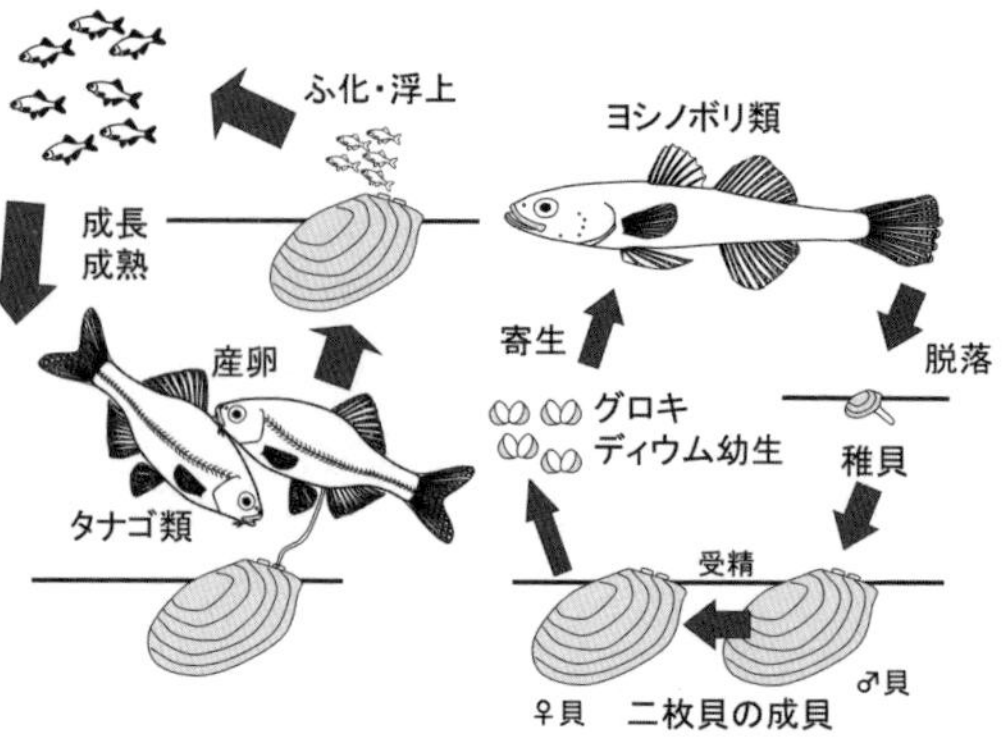

図6　タナゴ類、ヨシノボリ類と二枚貝類の相互関係

表面に付着する藻類を削って食べるようになります。このため、各個体は大きな石を中心に縄張りをつくるようになり、侵入者を体当たりで追い払う行動をみせます。夏の間に藻類を食べて20〜30センチ程度にまで成長したアユは、9月にはいると成長をやめて成熟へとむかいます。上流まで遡上した個体は繁殖期に向けて徐々に河川を降り始め、これらは落ちアユとよばれます。繁殖は中・下流域の瀬で行われます。長良川ではちょうど岐阜市のあたりが産卵場となります。夕方、日が沈む頃から1個体の雌に複数の雄が群がるようにして産卵が行われます。生み出された卵は粘着性をもち、石の表面に付着して瀬の早い流れに揺られながら発生します。産卵を終えた個体はやがて死んでしまいます。すなわちアユの寿命はたった1年です。

タナゴ類は生きた淡水二枚貝類（イシガイ・ドブガイなど）の体内に産卵するという特徴をもっています（図6）。岐阜県にはヤリタナゴ・アブラボテ・イタセンパラ・シロヒレタビラ・イチモンジタナゴの5種の在来タナゴ類とカネヒラ・タイリクバラタナゴの2種の外来タナゴ類が県南部の平野部に生息しています。いずれの種も生きた淡水二枚貝類に産卵します。雌は長い産卵管をもち、これを貝の出水管に挿入して卵を産み付け、雄が貝の入水管に向かって放精することで貝の体内で受精が成立します。受精卵は貝の体内で孵化し、やがて出水管から稚魚が泳ぎだします。このようにタナゴ類にとって淡水二枚貝類はなくてはならない存在であり、タナゴ類の生息・繁殖域は二枚貝の生息域に一致します。一方、

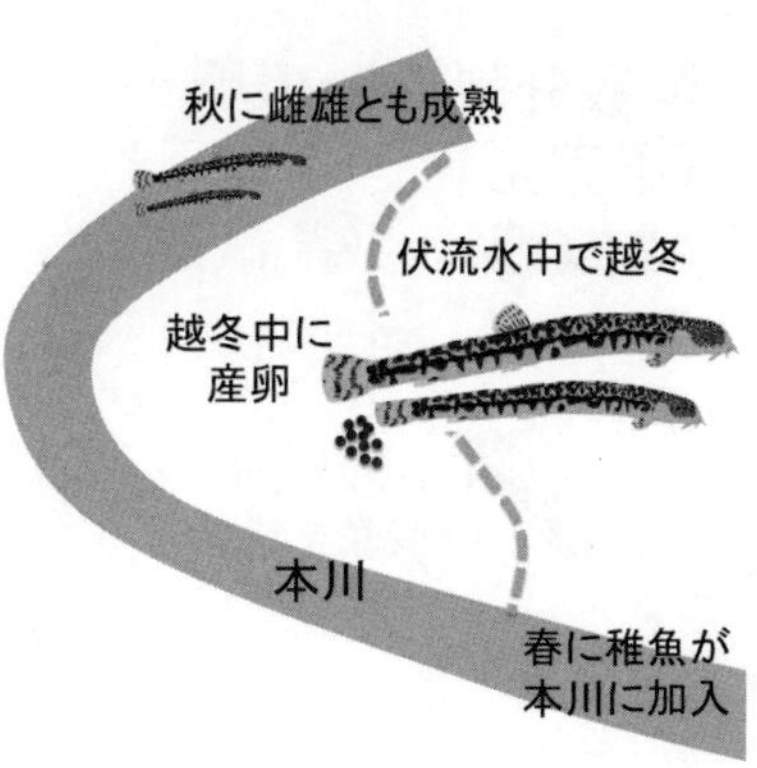

図7　アジメドジョウの生態。冬季には伏流水中に潜り、繁殖を行う。

淡水二枚貝類の繁殖も魚類の存在に依存していると言われています。親の貝から放出される受精卵は孵化し、やがてグロキディウム幼生とよばれる段階にまで成長します。このグロキディウム幼生が生きて行くには、ある種の魚類（おもにヨシノボリ類）の鰭などに一時的に寄生する必要があると言われています。魚類の体表から何らかの栄養を受け取ったグロキディウム幼生はやがて魚から脱落して、稚貝へと成長します。魚類に寄生できなかったグロキディウム幼生は稚貝にはなれません。つまり、ある種の魚類が共存する環境でなければ、二枚貝は繁殖できないということです。このように、淡水二枚貝類はタナゴ類の繁殖に必要とされる一方で、自身の繁殖にはヨシノボリ類などの魚類の存在を必要とするという、3者によるもちつもたれつの関係が成りたっています。

ドジョウ類の一種であるアジメドジョウは中部地方から近畿地方にのみ生息するという特異な分布を示す種です。ドジョウでありながら清流に生息し、アユのように付着藻類を食べるという点も変わっています。食味は非常に良いとされ、岐阜県では昔から食用に供されてきました。この変わったアジメドジョウには他の魚類にはみられない、さらに特異な生態がいくつかあります（**図7**）。その一つは冬季に伏流水に潜り込んで越冬することです。冬が近づき、河川の水温が低下してくると、河川内に湧き出る湧水に潜り込見ます。すなわち、河川本流を離れ、地中に潜り込むということです。岐阜にはこの時期にアジメドジョウが潜り込む場所にカゴを埋めてアジメドジョウを大量に捕獲するという漁法もあります。冬

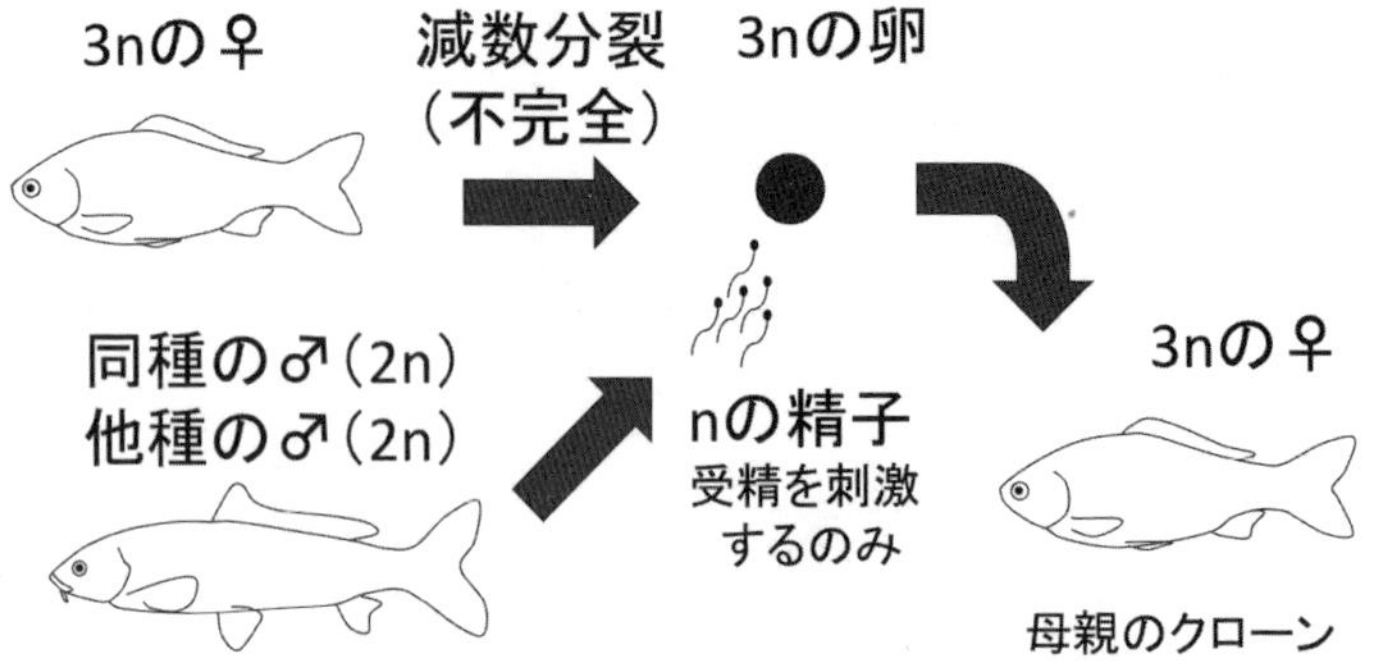

図8　ギンブナの3倍体雌性発生のしくみ。一個体の母親から生まれた子は全て雌で、母親のクローンである。

の間は河川からアジメドジョウが消えてしまうことになります。もう一つの特異な生態は、伏流水で越冬している間に産卵することです。多くのドジョウ類は初夏（梅雨の時期）に産卵しますが、アジメドジョウの産卵期は冬から早春です。伏流水中でどのような繁殖行動を営んでいるのかは全く不明です。伏流水中で孵化した仔魚はそこで卵黄を吸収しながら成長して稚魚となり、春に河川の水温が上がってくると河川内に出現するようになります。

岐阜県南部の平野部に普通に生息するフナ類にはオオキンブナ、ギンブナ、ゲンゴロウブナの3種が知られています（向井、2017）。ゲンゴロウブナは釣りの対象として放流された外来種で、通称ヘラブナとよばれるものです。オオキンブナとギンブナが岐阜県では在来のフナ類ということになりますが、両種を見分けるのは非常に困難です。ギンブナは国内に広く分布する普通種ですが、意外に知られていない特異な生態的な特徴があります。実はギンブナとよばれる魚のほとんどは雌であり、雄は基本的に存在しません。雌だけでどうやって繁殖しているのでしょうか。自然界での繁殖の実態はよくわかっていませんが、一つわかっていることとしては、ギンブナの卵は他魚種の精子の刺激でも発生を開始しますが、その際、精子のもつ遺伝情報は受け付けず、発生開始の刺激のみを受け取るということです（図8）。そもそも、ギンブナは染色体を3セット（通常の生物は2セット）もつ3倍体の生物で、卵を作る際には通常起きるはずの減数分裂を起こさず、雌親がもっている遺伝子をそのまま受け継いだ3倍体の卵を産みます。この3倍体の卵が他魚種の精子の刺激を受けて発生を開始すると、やがて生まれてくる子は母親と遺伝的に全く同じ、すなわち母親のクローンとなります。このような特異な繁殖生態をギンブナがどのように獲得したのか、自然界で卵の発生を刺激しているのはどのような魚種の精子なのか（オオキンブナか?）、そもそも繁殖行動はどのようになされるのか、などは全く不明です。

以上、岐阜県に生息する魚類の中で特徴的な生態をもつものについて、いくつかの種を紹介してきました。詳細が明らかになっているものもあれば、非常に身近な種でも未だに生態に謎の多いものもあり、興味がつきません。

最後に、岐阜県の魚類相に悪影響を及ぼす外来種問題について取り上げます。岐阜県では23種の国外外来種と10種の国内外来種がみつかっています（向井、２０１７）。これらのいずれもが岐阜県内で繁殖しているわけではありませんが、中には確実に繁殖し、在来種に多大な影響を及ぼしているものもいます。国外外来種の中には、環境省によって「特定外来生物」に指定されている魚もいます。チャネルキャットフィッシュ・カダヤシ・オオクチバス・コクチバス・ブルーギルがそれにあたります。特定外来生物に指定されると、放流はもちろん、輸入、飼育、販売、譲渡などが禁止され、罰則も設けられています。岐阜県内のダム湖やため池などの止水域はそのほとんどがオオクチバスやブルーギルの生息地になっています。外来魚駆除のための池干しなども各地で行われていますが、その際に採集される魚種を見ると、99％以上は外来種か人為的に放流されたコイやフナなどで、在来種と考えられる魚は片手で数えるほどしかいません。この現状を多くの人に知ってもらうことで、外来種の影響を実感し、それを助長している人たちへ監視の目を光らせてほしいものです。国内外来種としては、近年、オヤニラミが美濃加茂市の河川で繁殖していることが知られ、有志による駆除活動が行われています。また、岐阜県の在来種であるアマゴが、本来の自然分布とは異なる日本海側の河川に放流されることで、日本海側に自然分布するヤマメと交雑して雑種をつくっているという話もあります。

おわりに

全ての生き物は、長い年月をかけて時には分布を拡大し、時には分布を縮小させながら、その地域の自然環境に適応してきた歴史をもっています。生き物の自然分布はその地域の自然遺産でもあり、人はその自然遺産を生活に取り込んで独自の文化をつくってきたと考えれば、文化遺産とも言えます。岐阜県に自然分布する魚類もすべて、その分布には過去の地誌的・生態的な歴史を背負って今に至っています。身近な自然を見直し、多様な生物を育んできた岐阜県の自然環境を次の世代にまでつなげてほしいものです。

引用文献

宮　正樹（2016）『新たな魚類大系統—遺伝子で解き明かす魚類3万種の由来と現在—（遺伝子から探る生物進化4）』慶應義塾大学出版会、236頁　東京
向井貴彦（2017）『岐阜県の魚類』岐阜新聞社総合メディア局出版室、214頁　岐阜
矢部　衞（2006）「脊椎動物の多様性と系統」『2 魚類の多様性と系統分類』岩槻邦男・馬渡峻輔（監修）松井正文（編集）、46〜93頁、裳華房、東京

第5回　岐阜県産食材の魅力を知っていますか？

前澤　重禮

はじめに

岐阜県で生産されている農産物、畜産物は多種多様です。その理由として、岐阜県には、海抜０メートルから標高１，０００メートルにわたって農地があり、そこで四季折々の農産物が生産・栽培されるからです。野菜・果実の栽培・生産状況は、天候の影響を強く受けます。そのため岐阜県産食材の魅力を認識するには岐阜県の地理的特徴と気候を意識することが重要になります。

（1）岐阜県は5圏域に区分される

岐阜県は５つの圏域に区分されています。５圏域の名称は、岐阜圏域、西濃圏域、中濃圏域、東濃圏域、飛騨圏域です。これらの５圏域では地理的条件が異なるため気候も異なり、岐阜県の農業政策および農業協同組合による活動も、これら５圏域に区分して実施されているのが現状です。それぞれの圏域の気候条件、そして歴史的風土に見合った農産物が生産されています。

（2）WEBページに掲載されている岐阜県産農産物

岐阜県で生産栽培されている農産物の品目を知るため、岐阜県や県内JAグループのホームページをみると様々な農産物名がリストアップされています。例えば、タマネギ、ナス、サトイモ、シイタケ、カボチャ、メロン、ミカン、ナシ、リンゴ、モモ、ブドウ、キウイ等々です。これらの品目の生産量は決して多くはありませんが、地域の気候に合わせながら営まれている地域農業の重要品目と見なすことができます。また、岐阜県でも種々の果実が生産されていることに驚かれる人もいます。

（3）岐阜県産主要農産物の県別生産量ランキング

岐阜県で栽培出荷されている種々の農産物や畜産物の都道府県別でのランキングを見ることで、岐阜県産農産物の主要な品目名と岐阜県農業の位置づけを知ることができます。

岐阜県産食材の都道府県別ランキングを高い順に示すと以下のようになります。栗（4位）、柿（5位）、ホウレンソウ（6位）、トマト（7位）、エダマメ（10位）ニンジン・茶（13位）、イチゴ（14位）、ダイコン（18位）、キュウリ（25位）です（平成27年度実績）。

また、岐阜県の耕地面積の都道府県別順位は全国25位で、畑面積だけの順位は31位、農業産出額は27位です。この数字を見ると「岐阜県は農業がとても盛んな県である」と言うことは難しいでしょう。しかし、農産物、畜産物の品目を個別にみると多くの魅力を探し出すことができます。
本稿では、岐阜県の食材の魅力を種々の視点から説明します。

写真１　十六ササゲ

十六ササゲ

最初に紹介するのは、十六ササゲ（**写真１**）です。これはインゲンに似たつる性の豆類でその鞘部分は細長く、長さ約30センチに達します。名称にある「十六」は、一つの鞘の中に16個の豆が含まれていることから名付けられたとされています。ただ、実際は14～18個程度の幅があります。

また、ササゲという名前の由来には二説あります。ひとつは、その細長い鞘の先端が上向いている形状が、人が目上の人に両手でものを捧げる有様に似ているから名付けられたという説、もう一つは、鞘の先端の曲がり具合が細い牙《きば》に似ているところから細々牙《ささげ》という名前が付けられたという説です。

（１）十六ササゲの栽培地区

十六ササゲは、羽島市の下宮地区と桑原地区、そして本巣市の糸貫地区の３地区で栽培されています。３地区で栽培収穫された十六ササゲは、それぞれ別々の卸売業者に出荷されています。羽島市の２地区（下宮、桑原）は岐阜市中央卸売市場のＡおよびＢ社へ、糸貫地区の十六ササゲは名古屋市中央卸売市場のＣ社へ出荷されています。出荷する卸売業者が別々ということは、３地区の十六ササゲは別々のルートで流通し、別々の小売店で販売されていることを示しています。

では、なぜ3地区の十六ササゲは同じ十六ササゲであるにもかかわらず、別々の卸売業者へ出荷されているのでしょうか。その理由の一つは、生産地区毎の歴史的な栽培出荷環境が異なっていたことです。現時点での主要な生産者（現在60～75歳）の親が活躍していた時代から引き継がれてきた慣習や複雑な人間関係があり、隣り合う地域同志でもデリケートな関係性が今も残存し続け、お互いに相容れられない部分があるようで、行政や研究者が単に効率性と収益性だけで県内産地の統一化の重要性と必要性を説いても歴史的な壁を超えることは出来ず生産者全体の統一化は困難な状況です。

（2）十六ササゲ生産の特徴

では、3地区の十六ササゲを一括管理・集荷、そして一括販売することにどんなメリットがあるのでしょうか。十六ササゲの一番の欠点は生産量が少ないことです。生産量が少ないということは大量有利契約という販売戦略が成り立ちません。言い換えれば、納品する小売店サイドに価格設定の主導権がシフトし、生産者の要望が入りにくくなります。農家の方は「小売店にササゲを売ってもらっている」といったように下手に出る意識が作用してしまいます。一地域のササゲが低価格の売価が設定されてしまうと、他地域のササゲもその価格に引きずられ、さらなる低価格の仕入れ価格が設定されてしまうといった状況になりやすいです。

そのため、岐阜県内十六ササゲの生産流通を一括管理し、日々の出荷量を、事前契約量通りに出荷することができれば大手量販店との有利契約に繋げることが可能になるわけです。

（3）地域によって異なる十六ササゲの扱い方

十六ササゲは関西方面に出荷されることが多いです。ただ関西地方ではこの十六ササゲを食べるという習慣はあまりありません。関西では、お盆の時の仏壇に飾るお供えとして使うことが一般的です。事実、私が関西のスーパーに出かけて行ったときには、お盆の時のお飾り野菜セットのコーナーに十六ササゲが含まれていました。

（4）十六ササゲの機能性

以前、岐阜大学応用生物科学部の長岡利先生の研究室で、十六ササゲの機能性成分について研究して頂きました。その結果、十六ササゲにはコレステロールを下げる機能があることがわかりました。研究成果は、動物実験の成果でありそれをそのまま人間に当てはまることはできないかもしれません。しかし、この十六ササゲの機能性をマーケティングの戦略として取り上げることは可能です。野菜の機能性研究を始める際に流通業者の方々から、「研究成果をマスコミ発表する際には、事前に教えてください」といわれます。その理由は、「テレビや新聞発表されると、数日間はそれまでには考えられない量が売れるので、数量を確保しておきたい」からだそうです。事実、コレステロール低減作用が十六ササゲで観測されたという新聞発表日から4～5日は店頭からすぐになくなり完売状態になったそうです。ただ、ここで言っておきたいことは、十六ササゲを食べた数日後にコレステロール値が低下するという短絡的な印象は持たない方が良い、ということです。

このような大学から発表される研究成果は科学的客観性が確保されていますが、その内容がマスコミで紹介される場合は、一般消費者に分かり易い表現にする必要があるためか、その野菜を食べるとすぐにその健康維持効果が出てくるような表記になることが多いようです。皆さんには、賢い消費者になることを意識して頂きたいです。

（5）農産物のマーケティング

前述したように、ある野菜の機能性がマスコミ発表されると、数日間はスーパーマーケットでその野菜が売り切れてしまうという現象があります。この現象から一般的な消費者が野菜を選ぶときの気持ちを推し量ることが出来ます。消費者が食材として農産物を選択する場合、「誰かが何らかの形でその食材購入理由を後押ししてくれると、その消費者はその食材を優先的に選択する傾向に傾く」ということです。この食材購入理由を提供することが、生産者サイドのマーケティング戦略の基礎・基本といえます。

飛騨紅かぶ

高山市の朝市や都会で開催される飛騨物産展で販売されている定番漬け物「赤

写真2　飛騨紅かぶ

産物です。

かぶら」は有名で、その原材料として飛騨紅かぶ（写真2）は比較的知れ渡った農

(1) 漬け物「赤かぶ漬け」の色は自然の色

紅かぶの漬け物全体が紅色であることから、この漬物には食品添加物（着色剤）が入っているのではないかと質問されることがあります。しかし飛騨紅かぶの漬物の赤色は、果皮の赤色が漬け込んでいる間に染みいったものであって、紅かぶそのものの果肉部分は真っ白です。果皮の赤色は色素であるアントシアニンの色です。

飛騨紅かぶはもともと旧丹生川村で栽培されていた「赤紫」の丸かぶの突然変異体です。この変異種のうち、形が丸く表面が紅色で内部は白色、葉が柔らかいものを選抜して、飛騨紅かぶを育て上げました。

(2) 栽培で注意することは病気と連作障害

飛騨紅かぶは、9月に播種され、11月から12月にかけて収穫されています。飛騨紅かぶだけの専業農家は存在しません。飛騨紅かぶを生産・販売している農家は全て兼業農家です。飛騨圏域では冬場の農業はほとんどできません。そのため、飛騨紅かぶを他品目とどのように組み合わせて栽培すれば利益を最大限確保でき収入の安定化に繋がるか、を考えて農業経営が営まれています。農業には種々のリスクが潜在しているので、「今年は紅かぶの生産量を増やそう」とか「今年は紅かぶの生産を止めて、ホウレンソウをできる限り長期間栽培しよう」といったような栽培暦を立てているのが現実です。

飛騨紅かぶの生産は露地栽培が主流で、生産における課題は根瘤病という病気です。根瘤病はアブラナ科植物（かぶ、キャベツ、小松菜、ブロッコリーなど）に発生する病気で、病原菌は土の中に生存し、植物の根に感染して病気を引き起こします。感染した根は細胞が異常増殖し、大小のコブを多数発生するので、根瘤病にかかった紅かぶには商品性は全くなくなるので、紅かぶ生産者は連作障害とともに細心の注意を払っています。

（3）飛騨圏域での紅かぶ出荷量と漬け物販売量のアンバランス

飛騨紅かぶの漬物にはたくさんの種類があります。例を挙げると、しな漬、丸漬け、なが漬け、きり漬け、といったような名前で売られています。

では飛騨のお土産店で販売されている紅かぶの漬物の原料であるべに株はすべて飛騨高山で栽培収穫されているのでしょうか。答えはノーです。以前、私が高山市内の大手漬物メーカーを調査したところ、仕入れる紅かぶの大部分は東北地方、例えば青森県から大量かつ一括仕入れして飛騨高山の地で漬物にされている、という事実を知りました。

お土産品として飛騨高山名物の飛騨紅かぶと名乗って販売されている漬物の原料が、飛騨圏域で収穫・出荷されていない理由は「仕入れ問題」にあります。漬物メーカーでは、大量の飛騨紅かぶを一気に仕入れて一気に漬け込む必要があり

写真3　宿儺かぼちゃ

JA全農岐阜HPより転載

ます。しかし飛騨高山市内の紅かぶを栽培している農家の多くは小規模であるため、大量の飛騨紅かぶを一括納品することができません。よって漬物メーカーは大量で均質な紅かぶを一気に仕入れることが経営的には不可欠であるため、県外で大量一括仕入れができる産地を探し、そこから仕入れることになっているのです。

(4) 煮たくもじ

飛騨地方の漬物の食べ方として「煮たくもじ」への加工があります。「くもじ」は漬物の別称で、漬物であるくもじを長期保存するため、漬物をさらに加工する(煮る)ことにより日持ち期間をさらに延長して、保存食として長期有効利用する食文化が飛騨地域にあります。「煮たくもじ」として食用されているのは、飛騨紅かぶの漬け物の葉の部分です。冬に漬け込んだ紅かぶの葉は、春になり暖かくなると酸味が強くなり食べにくくなるので、それを廃棄するのではなく有効活用するという考え方が「煮たくもじ」への加工に繋がっています。

高山市内のレストランや居酒屋で、漬物ステーキと言うメニューがあります。この漬物ステーキは煮たくもじの発展系と考えることもできます。長期貯蔵できる漬物をさらに加工して別メニューにして有効活用するという昔の飛騨高山の食に対する文化が今も活かされている様な気がします。

宿儺《すくな》かぼちゃ

写真4-1　円空里芋畑

写真4-2　円空里芋の親芋、子芋、孫芋

皆さんは、ヘチマのような形をしていて表皮が灰緑色で縦縞のあるかぼちゃを知っていますか。形を見てもかぼちゃのイメージが湧きません。飛騨地域の丹生川地区で発祥したと言われている宿儺かぼちゃ（**写真3**）は、甘味とホクホク感が強いことで有名な在来種かぼちゃです。

名前で使われている宿儺は、丹生川地区生まれの伝説的豪族の名前で、地方開拓の先駆者として土地を開墾したことが日本書紀に記載されています。ヘチマ型のかぼちゃもこの宿儺様のように親しまれることを願って名付けられました。体は1つで両面に顔があり、手足がそれぞれ4本あり、50人力の力持ちであったとされています。

宿儺かぼちゃは、一般のかぼちゃに比べて栽培が難しく、希少性が高いといわれています。

円空里芋

岐阜県で美味しい里芋が生産されていることはあまり知られていません。そもそも里芋は大学生にとってほとんど興味がない農産物と思います。インスタ映えしないからでしょうか。

岐阜県の関市や美濃市を中心とした中濃圏域では円空里芋（**写真4－1、4－2**）が有名です。中濃圏域で注目されている円空里芋は、もともと愛知県安城市から種芋を導入し、丸い形状のイモを多く付ける株だけを系統選抜して増やされ商品登録されました。味としては、とても甘くてもっちり感が強く煮崩れしないのが特徴です。本当に煮崩れしません。岐阜県以外に愛知県の一部でも栽培されています。

日本人に馴染みがある僧侶・円空は、江戸時代の1632年に岐阜県で生まれ、全国行脚して5、000体以上の円空仏像を彫り続けました。その円空像の頭部のように丸型の里芋の特徴をアピールするために円空里芋と名付けられました。

里芋は背丈が180センチ以上に成長します。里芋の畑に入るとその高さに圧倒されます。根の中心部に大きな親芋があり、その親芋に子芋がくっついた状況にあり、その小芋に孫芋、その孫芋に曾孫芋と連なっています。円空里芋として商品になるのは親芋以外の丸い芋です。親芋はアクが強く商品にならないのですが、近年、親芋でコロッケを作り、道の駅で販売され、大好評の商品になっています。

栗

全国収穫量上位の3都道府県は、茨城県（約4割）、愛媛県、熊本県で、4位が岐阜県です。品種別の生産量ランキングは、1位が筑波で、2位以下は、丹沢、銀寄、利平と続きます。現時点で最も有名な商品は和菓子「栗きんとん」です。

(1) 利平栗

岐阜県山県市の特産になっている利平栗（**写真5**）は、昭和15年に山県郡大桑村

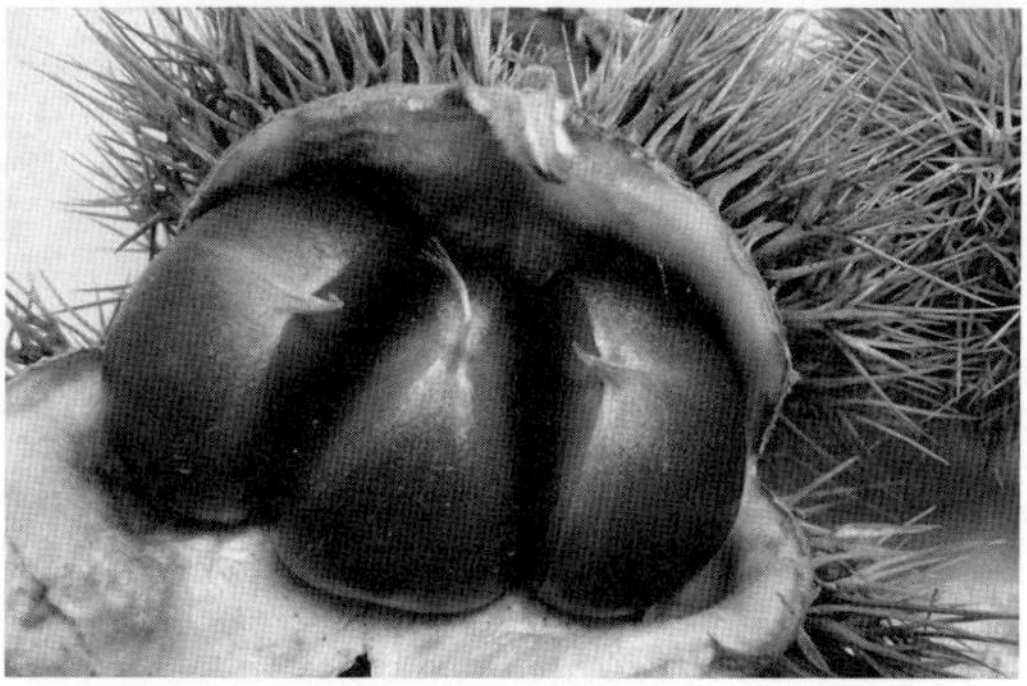

写真5　利平栗

の土田健吉氏が開発した品種で、中国産の栗と日本産の栗を掛け合わせて新品種開発に成功しました。鬼皮の頭部分（果頂部）の産毛が長いことが特徴で大粒の甘い栗です。ＪＡめぐみの管内でも収穫されています、ただ、利平栗の生産量低下は避けられません。何らかの手立てを打たなければ本当に幻の栗になってしまいます。

(2) ぽろたん

日本栗は美味しいという評判でしたが、渋皮（栗の実の周りにある薄い茶色の皮）が剥き難いという調理上の欠点がありました。その悩みを全て解決したのが、新品種「ぽろたん」の誕生です。ぽろたんはその名の通り、鬼皮に切り身を入れるだけで渋皮までポロッと剥けます。一般的に渋皮まで剥きやすいのは中国栗の天津甘栗が有名です。そのため、ぽろたんの品種改良には中国栗が関与しているのではないかと思われがちです。しかし、ぽろたんは農林水産省の研究機関である農研機構において日本栗品種だけを掛け合わせて完成されました。その研究において、渋皮の剥けやすさの原因となる遺伝子を特定できたことから、日本栗には渋皮の剥ける遺伝子が潜在していたことが明らかになりました。

柿

岐阜県での柿生産量は全国第5位です。現在の柿生産量の全国上位県は、１位和歌山県、２位奈良県、３位福岡県、４位愛知県です。最も大量に栽培されてい

写真6　果宝柿

岐阜県提供

る柿の品種は富有で全体の60％を占めます。この富有柿の原産地が岐阜県旧本巣郡の巣南町にあります。そのため、糸貫町や大野町といった柿生産が盛んな地域に在住の年配の方で、岐阜県が柿生産量全国1位と信じている方が多いようです。それだけ一昔前の岐阜県では柿生産に勢いがあったのでしょう。

（1）果宝柿（袋掛けした高級な高糖度富有柿）

一般的に富有柿の収穫は11月中旬に終了しますが、消費者から年末のお歳暮用の柿を生産してほしいという要望に応え、平成14年から収穫時期を遅らせて美味しい柿を出荷する対応策が練られてきました。その結果、品種は富有ですが、「果宝柿」（写真6）という名称を付けた特別な樹上完熟柿を生産出荷する体制が整いました。

果宝柿という名称は、岐阜県産富有柿のうち、樹上で完熟させ、岐阜県で厳しく決められた条件をクリアした柿の商品名です。上述のように、通常の富有柿は10月下旬から11月下旬に掛けて収穫され出荷されますが、果宝柿は、8月下旬〜9月上旬頃に樹上にある富有柿のうち「これは美味しくなるだろう」と当て込んだ柿に、一つ一つ紙製の袋を掛けて丁寧に成長させたこだわりの富有柿です。

果宝柿は、直射日光を避けて緩やかに成長させる抑制栽培なので、色付きがよく甘みを増す傾向が強くなります。樹上完熟柿であるため、「でかい」「あまい」「うまい」をアピールポイントとしています。そのこだわり条件は、果重が３５０グ

写真7　天下富舞

JA 全農岐阜 HP より転載

ラム以上、果皮色はカラーチャートで7以上、糖度が18度以上で、樹上完熟した選りすぐりの高級柿です。糖度は非破壊糖度センサーで一つ一つ測定しています。袋に包まれて育つため、風雨による汚れが付着せず、柿固有の白粉（果粉）に覆われています。この白い果粉が果皮全体に付着していて、テカテカに光っていないことが果宝柿の重要な条件になっています。そのため、この果粉が剥がれないよう、収穫から出荷までの取り扱いには細心の注意が必要です。

（2）天下富舞

岐阜県では、２００５年から新しい柿の品種改良に手がけ、２０１７年に新品種「ねおスイート」を品種登録しました。品種名はねおスイートですが、販売拡大を狙って商品名として、織田信長が用いた朱印「天下布武」にちなんで天下富舞（**写真7**）と名付けられました。「富舞」は、この柿を手にした人に「富が舞う」ことを願うことから名付けられました。

天下富舞は、梨のようなサクサクとした食感で、他に類を見ない高糖度の柿です。高糖度の新秋（高糖度系甘柿で豊産性品種）と太秋（もともとサクサク食感の品種）をかけ合わせて品種改良に成功しました。天下富舞を食べた学生さんは「甘いにもかかわらずシャリシャリしている食感がとても良い」という感想でした。

２０１７年10月に名古屋市中央卸売市場に出荷された天下布武は、２個54万円の卸売価格が付きました。ご祝儀相場価格ではありますが、名古屋市内のデパートの店頭に陳列された際にはその価格に多くの来店客の注目を浴びていました。

写真8　堂上蜂屋柿

ちなみに２０１７年は織田信長の岐阜城入城４５０年の記念年に当たっていたことも関係していたようです。ちなみに昨年の「天下富舞」のご祝儀相場価格は2個32万４千円でした。市場における「天下富舞」への期待が年々上昇していると見なすことができます。

岐阜県としては、これまでの歴史ある富有柿の生産体制を全面的に見直し、将来は全ての品種をねおスイート（天下富舞）に転換する計画を立てています。

（3）堂上蜂屋柿

岐阜県美濃加茂市の蜂屋地区には、「堂上蜂屋」という品種の柿（渋柿）を干柿にして、高級感を前面に打ち出した干柿（堂上蜂屋柿）（**写真8**）が生産加工されています。

この地区の干し柿には歴史があり、蜂屋地区の郷士が鎌倉将軍に乾柿を献上したところ、蜂蜜のように甘かったことから、柿および村の名前を蜂屋にし、さらに朝廷・幕府の為政者に献上されたことから「堂上」蜂屋柿と呼ばれる様になったようです。堂上とは、かつて天皇の生活の場に立ち入ることができた公家を指しています。

堂上蜂屋柿の販売価格帯ですが、10個1万5、０００円の最高級品から、6個3、０００円の優品まで、5種（誉、雅、寿、秀、優）の価格帯があります。この価格から高級感が伝わるかと思います。

写真9　華かがり

JA全農岐阜HPより転載

イチゴ

岐阜県のイチゴ出荷量は全国第13位です。第1位はダントツの栃木県で、２位の福岡県を大きく離しています。岐阜県では冬春イチゴが中心で、平坦地の岐阜圏域と西美濃圏域が主産地で、高冷地の郡上地域と飛騨圏域の一部で夏イチゴが生産されています。

（1）岐阜イチゴの品種

全国で最も生産量が多い品種である「とちおとめ」は、「女峰×とよのか」の交配品種に「栃の峰」を交配して作成されました。岐阜県いちごのオリジナル品種は「濃姫《のうひめ》」と「美濃娘」です。濃姫は、１９８８（昭和63）年に誕生し、１９９８（平成10）年に品種登録されました。この濃姫は、「アイベリー」と「女峰」の交配品種です。一方、美濃娘は、１９９７（平成9）年に誕生し、２００７（平成19）年に品種登録されました。「女峰と宝光早生」、そして「とよのかと濃姫」の４品種が掛け合わさっています。

岐阜県では最近、この2品種に加えて「華かがり」（**写真9**）という品種が加わりました。「濃姫」「美濃娘」といったこれまでの品種名は女性のイメージを全面に出していましたが、「華かがり」は、金華山と鵜飼いの篝火《かがりび》のイメージから名付けられました。「華かがり」は「濃姫」や「美濃娘」よりも大粒で甘く、岐阜県農業技術センターにおける長年の研究成果品として注目されています。

（2）岐阜県方式の高設栽培技術

全国的に、イチゴ生産には高設ベンチが適用されています。その理由は、生産者の身体的負担軽減です。特に腰痛は土耕栽培でイチゴを生産している農家の悩みでした。腰を曲げないでイチゴ栽培に携われる方法が主流になり、岐阜県でも岐阜県方式と称した効率的栽培を実現する高設ベンチ方式が多用されるようになりました。

（3）収穫したイチゴのパック詰め問題

今、岐阜県のイチゴ栽培で最も問題になっているのが、個々のイチゴ農家が収穫後のイチゴのパック詰めにかなりの時間がかかっていることです。イチゴはとてもデリケートな果実なので収穫後の取り扱いには細心の注意を払い慎重にパック詰めする必要があります。そのためパック詰めはパートさんに外注して、空いた時間を栽培に振り分け、イチゴ生産量を拡大させるという視点が重要になってきています。イチゴパッキングセンター構想の実現化が急務で、今後、ＪＡグループが果たす役割は益々大きくなっています。

（4）食べているのはイチゴの実ではない

イチゴを食べる際、消費者が口にしている部分は「イチゴの実（果実）」なのでしょうか。実は、我々が食べている部分はイチゴの実ではありません。肥大化した花托《かたく》を我々は食べています。イチゴ表面にあるツブツブ（イチゴの種と呼ぶことが多い）がイチゴの果実であって、そのツブツブの中に本当のイチゴの種子があります。

飛騨牛

飛騨牛の条件は、黒毛和種で、岐阜県内で14ヶ月以上肥育され、日本食肉格付協会の枝肉格付けで一定の基準以上に達していることです。岐阜県内の肉牛生産者の肥育技術は非常に高く、岐阜県で肥育されている和牛の90％以上が飛騨牛のレベルに到達しています。飛騨圏域以外でも肥育された場所が岐阜県であれば飛騨牛になります。岐阜市でも飛騨牛が肥育されています。飛騨牛の基準に満たなかった枝肉は飛騨和牛という名称で取引されます。

（1）全国のブランド牛になりつつある飛騨牛

岐阜県は飛騨地方が全国的に有名です。「岐阜は知らなくても飛騨は知っている」と言ったところでしょうか。その飛騨の名前がついた飛騨牛が、全国トップクラスのブランド牛の仲間入りを実現しつつあります。

皆さんは「飛騨牛」という漢字を正しく読めますか。生きている牛（生体牛）には「ひだうし」、枝肉・部分肉・精肉状態になれば「ひだぎゅう」と読みます。全国の和牛ブランドとしては、神戸ビーフと松坂牛が最も有名で、次に近江牛が続き、その次の4番目に飛騨牛や米沢牛が続きます。岐阜県と接している三重県と滋賀県に全国的に有名なブランド牛が生産されていることは、岐阜県にとって非常に心強い地域性であるとともにブランド間競争が激しい地域です。松阪牛がある三重県には伊賀牛というブランド牛があり、愛知県にも、飛騨牛に比べると知名度はありませんが、知多牛、鳳来牛、みかわ牛、安城和牛といったブランド牛が肥育されています。ちなみに岐阜県には飛騨牛しかブランド牛はありません。

（2）飛騨牛の歴史

飛騨牛の歴史は比較的新しく、1981年（昭和56年）に兵庫県から種牛である安福号（1983〜1993）を購入したことから始まります。ちなみに松阪牛は明治時代から注目されていました。

安福号を導入する前、岐阜県は岐阜県産肥育牛を「岐阜牛」として銘柄化していました。しかし、安福号の産子の牛が素晴らしい産肉成績を収めていったため、岐阜県産銘柄牛の名前を1988年（昭和63年）に飛騨牛に変更しました。実は飛騨牛という名称は既に県内の食肉業者が商標登録を取得していました。しかしその業者の全面的な協力を得て、昭和63年に飛騨牛を岐阜県の銘柄牛名にすることができ、飛騨牛銘柄推進協議会が設立され、ここから飛騨牛の歴史が始まりました。

（3）飛騨牛の特徴と販売促進

黒毛和牛は胸肉部分に霜降りがきめ細かく入っていることで有名ですが、飛騨牛の大きな特徴は、胸肉以外に「もも肉」にも霜降りが入っていることです。それだけ岐阜県内の飛騨牛生産者は、餌や生育環境、肥育技術を工夫しています。このような地道で継続的な努力が美味しい高品質の飛騨牛生産を支えているのです。

飛騨牛の国内での販売促進には、人口が多い東京への進出が不可欠です。そのためには東京のステーキハウスやレストランで飛騨牛を使ってもらう必要があります。具体的に販路拡大を実現するには、飛騨牛以外の銘柄牛を使っているレストランに対して、それまでの銘柄牛を飛騨牛に変えて仕入れてもらうための交渉が必要になってきます。つまり、レストランにとっては長年に渡って取引してきた納入業者を換える必要が発生する場合が多く、その時に最も要求されることは、「これまでの黒毛和牛と比較して飛騨牛を納品することにどんなメリットがあるのですか」という質問に明確に回答し、相手に納得してもらう必要があります。単に「美味しいです」「安全・安心です」といった説明やキーワードだけでは相手を説得させることはできません。納入価格交渉、年間を通じて事前に決められた入荷量を確保する、といった厳しい条件が突き付けられるのが現実です。

(4) 飛騨牛の輸出

岐阜県では飛騨牛を始め岐阜県産農産物の海外輸出を振興するため、頻繁に海外に出向きトップセールス等を展開しています。これまでにベトナム、フィリピン、香港、シンガポール、タイ、イギリス、フランスに出向き販売戦略を展開しています。そして徐々にその効果が現れつつあるようです。

最近、オーストラリアにも輸出できるようになりました。飛騨牛の輸出に関して、ほとんど知られていないことがあります。それは、国内で販売されている飛騨牛は安全・安心の条件が整っているので、そのまま海外へ輸出できると考える人が多いのではないでしょうか。精肉を海外に輸出するには、輸出相手国が要求する衛生条件下で屠殺されなければなりません。つまり、食肉を輸出するためには相手国の衛生管理員を日本の屠殺場に出迎え、相手国の衛生管理条件を全てクリアした屠殺場に改良しなければ輸出できません。

例えば枝肉の衛生検査を調べるときに、天井からぶら下げられた枝肉を見上げる位置からチェックするような施設であれば、相手国の監査員から「受け入れることは出来ません（輸入できません）」と言われてしまいます。そこで昇降台のような設備を導入し、検査員の目線で水平的にしっかりと枝肉を衛生検査できるようにしなければなりません。そのため、海外輸出するには、国内向けの枝肉検査よりも数段厳しい衛生条件をクリアしなければならないのです。

（5）WAGYUについて

みなさんは「WAGYU」という表記を見たことがあるでしょうか。WAGYUと表記されている牛は、基本的にオーストラリア産和牛です。そもそも1990年頃から研究目的で生きたままの牛（生体）が日本からアメリカに輸出され、そのアメリカから遺伝子としてオーストラリアに輸出されたことがWAGYUの始まりです。今は中国においてもWAGYUが誕生しています。中国の黒牛卵子とオーストラリアのWAGYU精子を掛け合わせた交雑牛が中国WAGYUです。

日本で霜降り肉が注目されるようになったのは1991年の牛肉の貿易自由化がきっかけと言われています。安価な輸入肉に対抗するために、高付加価値な肉を追求した結果です。霜降り肉が外国産牛に肉薄され、また健康志向から赤身の消費が増えている状況にある中で、黒毛和牛の霜降り肉の将来について考える必要が出てきています。

(6) 和牛の輸出

今、日本の和牛が盛んに海外に輸出されています。美味しい和牛が輸出され、安倍政権が進めている攻めの農業に繋がることはとても素晴らしいです。ただ、和牛の輸出において一つの問題が発生しています。それは、海外マーケットで日本国内で生じている産地間競争が展開されていることです。岐阜県、滋賀県、三重県、兵庫県等が、自県産和牛だけを海外で一生懸命販売しようとしているのです。外国人で飛騨牛、近江牛、松阪牛、神戸ビーフの違いを感じ、例えば近江牛よりも飛騨牛が欲しいと心の底から思える人がどれだけいるでしょうか。日本産の和牛であればみんな同じように感じるのではないでしょうか。

(7) 肉質は血統で決まる

品質の高い飛騨牛を生産するために、良い種牛を導入することは、品質の良い子牛を生産できることにつながるので、産地のブランド化には欠かせません。飛騨牛の歴史を作った種雄牛「安福」号の産子は4万頭以上と言われています。現在は、安福号の子供の飛騨白清号、孫牛の白清85の3号や花清国号が種牛として

写真10　孝隆平

岐阜県提供

活用されています。

和牛の品質は血統で決まると言われています。岐阜県の肥育牛農家は品質の高い飛騨牛を生産するため、血統の良い子牛を仕入れることに努めています。岐阜県で繁殖させた子牛以外に、例えば兵庫県の子牛市場に出向き、血統の良い子牛を競り落とし、岐阜県で14ヶ月以上肥育して立派な飛騨牛に育て上げています。

（8）将来の飛騨牛ブランドを支える種雄牛「孝隆平《たかりゅうだいら》」

飛騨牛ブランドを継続させていくには、種牛（種雄牛）の育成が鍵を握ります。岐阜県は、平成29年、今後の飛騨牛ブランドを支える種雄牛「孝隆平」号（平成23年8月生）（**写真10**）を育成しました。安福号のひ孫です。今後、生産者の需要に応じながら順次交配を進めて、3年後にはその肉が本格的に市場へ出荷されていくと推測されています。

飛騨牛の種雄牛は、安福→飛騨白清→白清85の3→孝隆平と血統が引き継がれてきました。今後、孝隆平号が主力種雄牛として活用され、飛騨牛ブランドを今以上にレベルアップしていくことが期待されています。

おわりに

農産物は植物、畜産物は動物で両者とも「生きもの（生物）」です。そのため、農産物、畜産物の研究・学問領域では植物学や動物学といった自然科学領域が注目されます。その領域は、生物学が中心になるため「それを生産している農家は年間いくら稼げるのか」「生産する上での生産者の苦労はどう評価すれば良いのか」という経済性や労働性といった農業において最も重要な視点は考慮されません。植物や動物である農畜産物は流通過程に組み込まれると、「生きもの」ではなく「商品」として捉えられ、有利販売するためのマーケティングが重要になってきます。この「植物・動物という生きもの」と「商品」の間を埋めているのが流通です。つまり、食品の流通は、自然科学と社会科学の融合領域において重要な位置づけにあるのです。

本稿では、「岐阜県産食材の魅力」をキーワードに据えつつ、そこから派生するいくつかの重要課題についても説明を加えました。読者の皆さんには、単なる「岐阜県産食材の魅力」を知るだけでなく、そこに潜在している「自然科学と社会科学の複雑な融合状況」を掴み取って頂きたいです。さらに、知識のアンテナを四方八方に広げて、目で見える表面的状況の奥に潜んでいる「流通の仕組み」を感じ取って頂きたいです。

参考資料

本稿記載内容の一部は岐阜県農政部のホームページ情報を参考：
http://www.pref.gifu.lg.jp/kensei/ken-gaiyo/soshiki-annai/nosei/

写真出典

写真1　十六ササゲ（筆者撮影）
写真2　飛騨紅かぶ（筆者撮影）
写真3　宿儺かぼちゃ http://www.gf.zennoh.or.jp/food/vegetable/index.html
写真4－1　円空里芋畑（筆者撮影）
写真4－2　円空里芋の親芋、子芋、孫芋（筆者撮影）
写真5　利平栗 http://tenkomori-ijira.com/
写真6　果宝柿（岐阜県提供）
写真7　天下富舞 http://www.gf.zennoh.or.jp/topics/2016/524249.html
写真8　堂上蜂屋柿（筆者撮影）
写真9　華かがり http://www.gf.zennoh.or.jp/topics/2016/259639.html
写真10　孝隆平（岐阜県提供）

著者略歴

野村幸弘　京都市生まれ。東北大学文学部大学院修士課程修了。イタリア政府給費生としてシエナ大学に留学。イタリア美術史専攻。共著書に『西洋美術への招待』（東北大学出版会）、共訳書に『ヴァザーリ美術家列伝』（中央公論美術出版）など。岐阜大学教育学部美術教育講座教授。

林　正子　倉敷市生まれ。神戸大学大学院文化学研究科博士課程単位修得退学。ドイツ学術交流会奨学生としてミュンヘン大学留学。日本近代文学専攻。主著に『博文館「太陽」と近代日本文明論』（勉誠出版）、『異郷における森鷗外、その自己像獲得への試み』（近代文藝社）など。岐阜大学地域科学部教授。

山田敏弘　岐阜市生まれ。大阪大学文学部大学院博士課程後期課程単位取得満期退学。博士（文学・大阪大学）。専門は日本語学（文法）・方言学。著書に、『日本語のしくみ』（白水社）、『その一言が余計です。』（ちくま新書）、『岐阜県方言辞典』（岐阜大学）など。岐阜大学教育学部国語教育講座教授。

古屋康則　北海道旭川市生まれ。北海道大学大学院水産学研究科博士課程修了（水産学博士）。水産増殖学を専攻。共著書に『カジカ類の多様性－適応と進化』（東海大学出版会）、『岐阜から生物多様性を考える』（岐阜新聞社）、『岐阜県の魚類』（岐阜新聞社）など。岐阜大学教育学部理科教育講座教授。

前澤重禮　大阪府豊中市生まれ。大阪大学大学院理学研究科博士課程修了。徳島大学酵素科学研究センターから岐阜大学農学部へ異動を機に、専門を食品流通科学に転換。岐阜県卸売市場審議会会長、（一社）ぎふクリーン農業研究センター理事等。岐阜大学応用生物科学部応用生命科学課程教授。

＊本書の刊行にあたり、平成29年度岐阜大学活性化経費による支援を受けました。

リブロ岐阜学 Vol. 3
岐阜の自然・文化・芸術 2

2018 年 3 月 26 日　初版発行

編著　おとなのための岐阜学講座
【責任編集：野村幸弘（岐阜大学）】
〒 501-1193　岐阜市柳戸 1-1
TEL. 058-293-3007
発行者　竹鼻均之
発行所　株式会社 みらい
〒 500-8137　岐阜市東興町 40 番地　第 5 澤田ビル
TEL. 058-247-1227　FAX 058-247-1218
http://www.mirai-inc.jp/
印刷・製本　西濃印刷株式会社　　表紙デザイン　野村幸弘

ISBN 978-4-86015-451-6　C1337
Printed in Japan